なぜ「啓蒙」を問い続けるのか

森村　敏己
Morimura Toshimi

SHIMIZUSHOIN

目次

はじめに―より良い社会の可能性を求めて

皆さんは今の社会に満足しているでしょうか。個人として自分の人生に満足かということではありません。政治制度であれ，社会や経済の仕組みであれ，さらには「常識」とされる考え方であれ，そこに不合理な点や不公正さを感じることはないでしょうか。たとえば，選挙制度をはじめとして，政治に国民の意見を反映させる仕組みは十分に機能していますか。拡大する経済格差は個人の努力や才能の差がもたらしたものだから仕方ない，あるいは当然だと思いますか。弱者や少数者に対する偏見や差別に違和感や憤りを感じることはありませんか。

　いつの時代にも完璧な社会などありません。その意味では，人々は常に現状よりも良い社会を願いながら生きてきたといっていいでしょう。ですが，より良い社会を実現するには，今の社会のどこが問題なのか，現実を取り巻く条件を考慮した時，どのような改善が望ましいのか，どこまで改善が期待できるのか，そして改善に向けた方策として有効な手段は何なのか，こうしたことを分析する必要があります。つまり，正しい情報に基づいて正確な認識を得ることが大切ですし，そのためには，それまでの常識や伝統を鵜呑みにしないという姿勢も重要でしょう。

　このようにいうと当たり前のことに聞こえるかもしれません。しかし，「もうひとつの事実」という言葉を聞いたことがあるでしょうか。2017年1月に行われたアメリカのトランプ大統領の就任式に集まった群衆の数は，前任のオバマ大統領の就任式の時よりも多かったとホワイトハウスの報道官が述べたのですが，これは明らかに事実に反した発言で，はっきりいえば「虚偽」でした。しかし，大統領顧問は「もうひとつの事実」という言葉でこの発言を擁護したのです。事実とは何かというのは難しいテーマで，同じ出来事であっても人によって捉え方や解釈が異なるのは当然です。ですが，集まった群衆の数といった問題は

捉え方や解釈の問題ではありません。そこにある事実はひとつだけで，「もうひとつの事実」などありません。このエピソードが示すように，正しい情報に基づく正確な認識に立って物事を考える姿勢は必ずしも当たり前のものではないのです。そうしようという意識を自覚的にもたなければいけません。

　しかし，社会をより良くするために大切なのはそれだけではありません。社会を今よりも良くすることができるという可能性を信じることも重要です。何をやってもしょせんは同じ，世の中はどうせこんなものという考え方は，醒めた見方として済まされるようなものではなく，多くの場合，有害です。実際に社会を良い方向に変えるには，適度な楽観主義は役に立ちます。もちろん，根拠のない楽観主義は禁物でしょう。それは現状から目を背ける結果を生みかねません。

　本書が取り上げるのは「啓蒙」です。啓蒙という言葉を辞書で引くと，無知な人を教え導くという，「上から目線」の意味が載っていますが，これから考えていこうとしている「啓蒙」とは，普通名詞の啓蒙ではなくて，「啓蒙思想」や「啓蒙運動」などといわれる，歴史上のある現象を指しています。それは主として18世紀のヨーロッパで生じたもので，18世紀は「啓蒙の世紀」，「啓蒙時代」とも呼ばれます。もちろん，歴史的現象としての「啓蒙」と辞書的な意味の啓蒙との間にまったく共通点がないとはいいませんが，特定の歴史的現象である以上，「啓蒙」はその時代特有の性格を帯びています。そうした観点から見た場合，「啓蒙の世紀」とは，社会は改善可能であり，多くの人々は今よりも幸福な生活を送れるようになる可能性があると信じた時代だといえます。そして，啓蒙思想家と呼ばれる人々はその可能性を追求した人たちです。もちろん，より良い社会についての具体的なイメージや，そこに至るための方法について意見の相違はありましたが，目的は共有していたのです。

このように説明すると，誰も「啓蒙」を批判することなどないだろうと思われるかもしれません。しかし，実際には，18世紀当時から現代に至るまで，「啓蒙」には多くの批判が向けられました。そこで，今度は「啓蒙思想」を辞書で引いてみると，それは宗教的権威を否定し，人間の理性を尊重することで旧来の慣習や制度，伝統を打倒しようとした革新的な思想だという趣旨の説明がされています。「啓蒙」を批判する人たちも概ね，同じような理解をしています。そして，「啓蒙思想」のこうした特徴こそが問題で，そこには深刻な欠点があると考えていたのです。中には，19世紀以降の世界で生じた不幸の多くは「啓蒙」が原因だという議論もありました。そこで，以下の章では，まずは「啓蒙」を批判する意見と，それに対抗して「啓蒙」を擁護する見解を説明しながら「啓蒙とは何か」を考えます。次に，「啓蒙の世紀」の歴史について検討します。そして第3章では，「啓蒙」が何を目指したかを考察したいと思います。

　自分たちが生きている社会が少しでも良くなってほしいと願う人は多いはずです。その一方で，より良い社会が実現する可能性を信じることができない人も少なくないかもしれません。「啓蒙」には矛盾も限界もありました。自分たちの社会が抱える様々な問題は容易に解決できるものではないという自覚もありました。しかし，それでも，社会は改善できると信じ，そのための方法を追求し続けたことは間違いありません。「啓蒙」が当時の社会の何を問題とし，それを正すためにどのような議論を展開したのかを知ることで，私たちは自分を取り巻く社会と向き合う姿勢を見直すことができると思います。「啓蒙」を学ぶことは，「啓蒙」から学ぶことでもあるのです[1]。

※1　以下の記述では，歴史的現象としての「啓蒙」もカギ括弧をつけずに表記する。

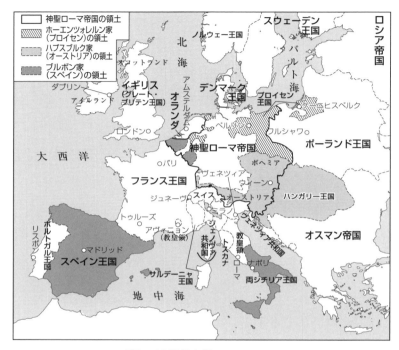

図1　18世紀中頃のヨーロッパ

神聖ローマ帝国の領土
ホーエンツォレルン家（プロイセン）の領土
ハプスブルク家（オーストリア）の領土
ブルボン家（スペイン）の領土

ロシア帝国

スウェーデン王国

ノルウェー王国

北海

バルト海

スコットランド

イギリス（グレート・ブリテン王国）

ダブリン

アイルランド

ロンドン

アムステルダム

オランダ

デンマーク王国

ベルリン

プロイセン王国

ワルシャワ

ケーニヒスベルク

ポーランド王国

大西洋

パリ

神聖ローマ帝国

ベルギー

ボヘミア

フランス王国

ヴェネツィア

ウィーン

ジュネーヴ

スイス

オーストリア

ハンガリー王国

トゥールーズ

アヴィニョン（教皇領）

ジェノヴァ共和国

ヴェネツィア共和国

オスマン帝国

リスボン

ポルトガル王国

マドリード

スペイン王国

サルデーニャ王国

トスカナ

教皇領

ローマ

ナポリ

両シチリア王国

地中海

1. 意外と難しい「啓蒙とは何か」

（1）啓蒙への批判

●

カントの「啓蒙とは何か」

　カント[1]は『ベルリン月報』という雑誌の1784年12月号に「啓蒙とは何か」という論文を発表しました。彼の議論は，啓蒙を考える上で大きな影響を後世に及ぼすことになります。この雑誌に「啓蒙とは何か」というテーマで寄稿したのは，実はカントだけではありません。幾人もの思想家が同じテーマで論文を書くという状況は，当時「啓蒙とは何か」について一致した意見が存在しなかったことを示しています。ですが，その後の哲学の歴史における重要性と影響力のために，「啓蒙とは何か」といえば，多くの人が真っ先に思い浮かべるのはカントのこの論文ということになりました。カントはここで，人間が自らの理性を行使することができないでいる状態を「未成年状態」と呼び，他人の指示や権威に頼らずに勇気をもって理性を行使することが啓蒙だとしたのです。彼は「知る勇気をもて」という言葉が啓蒙の標語だとしています。

　カントがここで理性の役割を強調しているのは明らかです。そのため啓蒙とは理性を重視する，あるいは理性を信頼する哲学だという解釈が広まることになります。一時の感情に流されず，また，他人の言いなりにならずに自分で理性的に判断し，行動することにはなんの問題もないように思えます。しかし，事はそう単純ではありませんでした。

※1　Immanuel Kant（1724〜1804）。当時の東プロイセン領ケーニヒスベルク（現在はロシアのカリーニングラード）で生まれ，同地で大学教授を務めた哲学者。ドイツ観念論哲学の祖とされる。

図2　イマニュエル・カント

理性は信用できない？

　啓蒙が理性重視の哲学だとする人々は，理性批判というかたちで啓蒙を批判することになります。それによれば，理性は伝統や慣習を無視し，抽象的な思考を好み，理屈の上では正しいかもしれないけれど，現実には実践不可能な結論に至りがちだというのです。要するに，頭でっかちで実際の役には立たない場合があるということです。こうした理性批判には一定の説得力があるといえるでしょう。啓蒙を批判する人たちは，啓蒙とは理性への過度な信頼であって，それは人間の感情が果たす役割とその重要性を無視する態度だと主張しました。ロマン主義[※2]と呼ばれる潮流は，人がもつ豊かな感性を考慮せず，それが人間の幸福にどれだけ大切かを理解しない冷たい合理主義だとして啓蒙を非難したのです。さらに，科学知識の発達を背景にして理性は自然をも支配できるという傲慢な態度を取るようになり，それがやがては理性の名のもとに人間の自由を抑圧する暴力的な支配に至ったという議論もありました[※3]。

啓蒙を批判する流れには，もうひとつ重要な要素があります。それはフランス革命※4への嫌悪です。フランス革命の功罪については多くの議論があり，整理するのは簡単ではありませんが，革命が凄惨な暴力を伴ったこと，多くの血を流したことは紛れもない事実です。そうした犠牲に見合う成果を上げたかどうかという論争がたやすく決着するとは思えませんが，革命を嫌う人々が多くいたことは理解できます。もちろんその中にはアンシアン・レジーム（旧体制）と呼ばれた従来の政治体制で享受していた特権的な地位を失ったことで，私的な恨みを抱く人もいました。貴族の中には領地をはじめ多くの財産を捨て，国外に逃亡した人たちも多かったのです。しかし，個人的な怨恨とは関係なく，啓蒙の理性偏重，伝統と経験の軽視，現実社会が課す諸条件を十分に顧慮しない抽象的思考が，革命の，ひいてはそれに伴う惨禍の原因だとする議論は早くから始まっています。1790年に出版されたエドマンド・バーク※5の『フランス革命についての省察』はそうした批判を代表する作品です。ここで彼は，長く続き，伝統を有する制度には欠点がないとはいわないものの，長期にわたって継続し

※2　ロマン主義は18世紀末から19世紀半ばにかけてヨーロッパで広がった精神運動。18世紀を理性偏重の時代とした上で，それに対抗するものとして自らを位置づけ，その影響は文学・美術・音楽など多くの分野に及んだ。

※3　このような見方を代表するのがホルクハイマーとアドルノの共著『啓蒙の弁証法』。

※4　啓蒙が絶対王政を攻撃し，人々の不満を高め，フランス革命を引き起こしたとする議論は革命直後から始まっている。現在では革命の原因はもっと複雑で多様だとの前提に立ってはいるが，啓蒙が生み出した思想的・文化的な変化が革命を可能にしたひとつの要因だとする解釈は今も存在する。

※5　Edmund Burke（1729〜1797）。アイルランド出身の思想家，政治家。1765年から1794年までイギリス下院議員を務めた。『フランス革命についての省察』は保守主義のバイブルと呼ばれる。

図3　エドマンド・バーク

てきたという事実そのものが，その制度の有効性を経験的に証明しているとしています。それに対して，理性主導の抽象的思考がたどり着いた結論は，実際に適用可能かどうかを一度も試されたことがなく，理屈の上で正しいからといって実際にうまくいくかどうかは分からない代物（しろもの）です。そのような観念的で，現実から遊離した原理を無理やり社会に押しつけようとしたのが革命であり，悲劇を生むのは当然だというのです。

普遍主義という名のヨーロッパ中心主義

その他にも，啓蒙は理性によって見いだされる唯一の真理が存在し，すべての国・地域に通用する普遍的に正しい制度や価値があると思い込み，そうした態度がヨーロッパ中心主義，ひいては植民地支配の正当化につながったという批判もあります。理性に目覚め，優れた科学によって最新の知識と先端的技術を獲得したヨーロッパ人は，遅れた地域の人々を導く権利と義務があるという

のです※6。さらに，啓蒙は科学の発展が人類に無限の進歩をもたらすと無邪気に信じていたという議論や，啓蒙は基本的に反宗教思想であり，宗教のもつ重要性を理解していなかったという見方もあります。このような批判は，ヨーロッパ的な価値観が支配的となったとされる近代という時代そのものへの批判と結びついていて，ポストモダンと呼ばれる思想潮流の特徴のひとつとなっています。そこでは普遍主義に代わって多元主義が主張される傾向があります。つまり，普遍的とはいいながら実はヨーロッパ起源の価値観を押しつけるのではなく，それぞれの国や地域の伝統や独自性に根ざした価値や文化を尊重しようというのです。

啓蒙から学ぶことなどない？

こうした批判ばかり聞いていると，啓蒙はとても学ぶに値するとは思えません。学ぶどころか克服すべき間違った態度のように見えます。しかし，冷静に考えれば分かることですが，ロマン主義にせよ，革命批判にせよ，ポストモダンにせよ，啓蒙を敵役として自分たちの主張を正当化するという議論の組み立てをしています。いわば，啓蒙は最初から悪役として設定されているのです。意見の異なるふたつの陣営の争いについて判断を下そうとする際に，片方の言い分にだけ耳を傾けて，そればかり信じるという態度は褒められたものではありません。性急に啓蒙の是非を判断する前に，18世紀に実際に何が議論されていたのかを知る必要があります。

※6　「文明化の使命」と呼ばれるこうした議論については，本シリーズ第8巻『帝国主義を歴史する』（大澤広晃著）に詳しい。

（2）啓蒙批判はどこまで正しいのか

●

本当に偏狭な理性主義だった？

　啓蒙思想家たちは本当に理性を偏愛し，人間の感性や感情を軽んじる素朴な「合理主義者」だったのでしょうか。そうは思えません。むしろ18世紀という時代は17世紀の合理主義哲学[7]を批判し，情念の復権を目指した時代でした。情念（passion）とは感情や欲望などの心の動き，とくにそれが強くなった状態を指す言葉だと思ってください。いずれにせよ，情念は理性とはまったく別の原理です。デイヴィッド・ヒューム[8]はそのデビュー作『人間本性論』で「理性とは情念の奴隷である」と述べています。ヒュームは，人間の意志を決定する主な要因は理性ではなく情念だとしていて，理性の働きを無視しているわけではないのですが，いずれにせよ，こうした発言が理性偏重からは程遠いものであることは間違いありません。

経験と観察の時代

　ヒュームは18世紀の思想家たちの中で孤立した存在ではありませんでした。それどころか，極めて著名で，高く評価されていた哲学者だったのです。一般に18世紀は，理性的に判断して疑問の余地なく正しいと思われる推論をたどって合理的な結論を得るという方法よりも，経験・観察・実験を重視した時代です。つまり，確かな知識を獲得し，正しい認識に至る方法は，合理的推論ではなく，経験的事実を丹念に観察することだというのです。とくにイギリスはこうした経験論と呼ばれる方法の本場とされており，ヒュームはイギリス経験論を代表

図4　デイヴィッド・ヒューム

するひとりでした。経験論とは，人間がもつ観念は経験を通じて形成されるという趣旨の哲学を指す用語でもあるのですが，同時に，経験と観察を重んじる方法そのものも意味しています。この方法を用いて傑出した業績を残したとされる人物としては，ロック※9とニュートン※10を挙げることができます。

※7　人間が生まれながらにしてもつ理性を信頼し，理性によって必然的と見なされる論理のつながりを追うことで真理に到達しようとする哲学。デカルトやライプニッツがその代表とされる。

※8　David Hume（1711〜1776）。スコットランドの哲学者，歴史家，思想家。経験論哲学において卓越した業績を残しただけでなく，歴史書『イングランド史』を著し，また『政治論集』その他の作品で当時の政治問題，経済問題などを幅広く論じた。

※9　John Locke（1632〜1704）。イギリスの哲学者。『人間知性論』において経験論的認識論を確立し，18世紀の思想界に大きな影響を与えた他，『統治二論』では王権神授説（おうけんしんじゅせつ）を否定し，社会契約論（かいけいやくろん）を主張した。

※10　Isaac Newton（1643〜1727）。イギリスの自然哲学者。いわゆる万有引力（ばんゆういんりょく）の発見や微積分法（びせきぶんほう）の確立で知られる。権威ある科学者団体であるロンドン王立協会の会長職を24年にわたって務めた。

図5　ジョン・ロック

図6　アイザック・ニュートン

図7　アダム・スミス

道徳的判断の基礎

　ロックの哲学を批判的に継承し，発展させたヒュームは，意志決定という点
だけでなく，道徳的な善悪の判断という面でも理性よりも感情を重視しました。
神が定めた，もしくは自然が与えた普遍的な基準があって，それに従って人間

は善悪を判断している，あるいは，すべきだという考え方も確かにありました。また，道徳感覚と呼ばれる特別な感覚が人間には備わっていて，そのおかげで善悪を区別できるのだとする人々もいました。さらには，人間は利己的存在なので，自分にとって都合のいいこと，有利なことが善で，その逆が悪に過ぎないのだけれど，社会全体にこの考えを拡大すれば，社会の大多数の人間にとって有益なことを善，有害なことを悪とすべきだという定義もあります。

　そうした中で，ヒュームやアダム・スミス※11は「同感」という言葉を使って道徳的判断の根拠を説明しています。スミスに即して説明すれば，人間には元来，他人の感情に共鳴する能力があります。この能力を英語でsympathyといい，日本語では同感あるいは共感と訳しています。友人が何か辛い思いをして悲しんでいる時，それを見ている自分も同じような悲しみの感情を抱く，あるいは逆に，親しい人がとても楽しそうにしているとこちらも楽しくなる，理不尽な扱いをされて怒っていれば自分もその怒りを共有する。こうした経験は誰にでもあるでしょう。ここで生じる同感は理性的な判断に基づいているわけではありません。また，同感する程度は相手との距離によって違います。親しい相手であるほど同感しやすいことはお分かりでしょう。同感される方も経験を積むうちに，言い換えれば大人になるうちにそのことが分かってきます。つまり，ひどい仕打ちをされたといって憤慨する，あるいは，とても悲しい思いをしているといってさめざめと泣く，そうした態度を取って同感してくれるのは親しい人に限られる，それほど親しくない相手だと当惑させるだけだ，あるいは，そんな

※11　Adam Smith（1723〜1790）。スコットランドの哲学者，経済学者。『国富論』を著したことで経済学の父として有名だが，エジンバラ大学では文学と法学，グラスゴー大学では倫理学を講義しており，道徳哲学における重要な作品『道徳感情論』を執筆した。

に大げさに騒ぐほどのことじゃないと思われそうだ，だから，そういう人の前では怒ったり，泣いたりするのはやめておこうという判断ができるようになります。やがて，自分とは利害関係のない中立的な他人，スミスはこれを「公正な観察者」と呼ぶのですが，こうした観察者を自分の心の中に無意識に想定して，自分の感情に同感してくれるかどうかを知らずしらずのうちに推測するようになります。それが善悪を判断する基準だというのです。つまり，心の中の公正な観察者が同感してくれそうなら，自分が怒りを感じている行為は本当に不正であり，自分が称賛の思いを抱いている対象は本当に善だと思っていいということです。ここでもスミスが重視しているのは感情と経験です。現実から遊離した抽象的な理性などではありません。

　同感原理には限りません。道徳感覚を主張する人にとっても道徳的判断を司るのは理性ではなく「感覚」ですし，利己的な人間観を主張する人たちの議論の出発点にあるのは自分にとっての損得です。いずれにしても，18世紀の思想家たちの多くは理性に重きを置かない傾向が強いのです。彼らは理性によって感情を制御できるとは思っていませんでしたし，そんなことはかえって有害だとしていました。強い感情こそが人を動かす動力源であって，理性によって感情を抑え込むことは人間から意欲，創造力，活動力を奪うことにしかならないと考えていたからです。

フランスへの影響

　経験論はイギリスが本場だといいましたが，イギリスだけのものではありません。ヨーロッパ大陸にも大きな影響を与えました。ヴォルテール※12はイギリス滞在経験をもとに書いた『哲学書簡』という作品でロックとニュートンを称

図8　ヴォルテール

賛し，経験論をフランスに広めることに貢献しました。フランスでも，どの程度実践できたかは別として，「経験と観察」は思想家たちが好むモットーとなります。

普遍的な道徳は存在する？

　啓蒙は普遍的な真理や価値を信じ，それがヨーロッパ中心主義，植民地支配のイデオロギーとなったという批判もありました。しかし，こうした批判はどこまで正しいのでしょうか。先ほど，道徳的判断に関して取り上げた同感理論では，同じ社会に生きている人々がどのように感じているかが重要な要素でした。そして，人々の感じ方は時代によって，国や地域の違いによって異なるわけですから，すべての時代と国に普遍的に通用する道徳など存在しないことにな

※12　Voltaire（1694〜1778）。本名はフランソワ=マリ・アリエ。ヴォルテールはペンネーム。フランス啓蒙を代表する文学者，思想家。若くして詩人，劇作家として有名となり，後半生は宗教的不寛容との戦いに精力を傾けた。

ります。同感理論だけではなく，利己的な人間観から出発する議論でも，社会の多数者が何を好ましい，有利だと思うかは時代と場所によって変化します。ここでも道徳の内容は変化するはずです。たとえば「滅私奉公」がいつの時代でも，どんな国でも常に美徳だと思う人はいないでしょう。「祖国のために死ぬこと」[13]が最高の美徳だとされていた国や時代もありましたが，皆さんの中でそれに共鳴する人がどれだけいるでしょうか。神の定めた掟や道徳感覚のように，経験からは独立した原理を主張する人々にとっては，普遍的な道徳は存在し得るのでしょうが，その場合は，時代や国によって道徳の内容が違うのはなぜかを説明するという別の問題が生じます。

モンテスキューの相対主義

　普遍主義を嫌った思想家の中でもモンテスキュー[14]はとくに意図的に相対主義的な立場を貫こうとした人物です。もちろん，彼は奴隷制や，専制と呼ばれる抑圧的な政治体制には極めて批判的で，こうした問題については相対主義は後景に退いているという印象を受けます。また，自由の尊重という点においても相対主義者とはいい切れない面があります。それでも彼は自分が嫌う奴隷制や専制が成立しやすい条件を考察するなど，客観的で柔軟な態度を取ろうとしていますし，自由についてもそれがすべてに優先する価値だとは思っていません。モンテスキューは，イギリスの権力分配と自由との関連を論じた有名な章の末尾で，極端な自由はかえって望ましくないとしています。

　モンテスキューの相対主義的な特徴を最もよく示すのは「一般精神」という概念でしょう。一般精神というのはそれぞれの国の歴史，風土，伝統，慣習，制度，法などによって徐々に形成されてきた精神風土全体を指す言葉で，少しずつ変

図9　モンテスキュー

化することはありますが，一挙に作り変えることはできません。モンテスキュー
は新しい法や制度を導入するには，この一般精神との適合関係が重要だとして
います。理論的にどれほど優れた制度や法に見えても，その国の一般精神に適
合しなければうまく機能しないというのです。言い換えれば，どの国にでも通
用するような普遍的に優れた法や制度など存在しないということです。コンド
ルセ[15]のような若い世代の思想家はこうした相対主義に反発し，どの国にも通

<hr />

※13　中世政治思想の研究者として知られるエルンスト・カントロヴィッチは『祖国のために死ぬこ
　　　と』（みすず書房，1993年）所収の論文で，祖国という観念と祖国のために死ぬことを美化す
　　　る道徳の成立について論じている。

※14　Charles-Louis de Secondat, baron de Montesquieu（1689〜1755）。フランスの思想家。
　　　絶対王政が進める中央集権化に対抗する理論として権力分配論を提唱する一方で，王権への対
　　　抗権力として貴族の存在を重視した。主著である『法の精神』はその後，多大な影響を及ぼした。

※15　Marie Jean Antoine Nicolas de Caritat, marquis de Condorcet（1743〜1794）。フラン
　　　スの数学者，思想家。社会問題の解決に積極的に数学を適用しようとする立場を取った。フラン
　　　ス革命にも参加し，憲法草案や公教育案を起草するが，恐怖政治の犠牲となった。

用する優れた法を模索しました。その意味で，啓蒙思想家全員が相対主義者だっ
たわけではありません。ですが，コンドルセにとっても，状況を考慮しながら
徐々に改善することが基本でしたし，イギリス贔屓とされるヴォルテールでさ
え，イギリスの制度をそのままフランスにもち込むべきだとは考えていません
でした。啓蒙全体の特徴が相対主義だと断言するのは難しいかもしれませんが，
啓蒙は普遍主義を信奉していたと断言するのはもっと困難です。

啓 蒙 と 宗 教

　進歩史観や植民地主義については第3章で啓蒙の具体的なプログラムや歴史
観を取り上げる際に検討することにして，ここでは啓蒙と宗教との関係につい
て考えておきたいと思います。

　ヴォルテールがカトリック教会[※16]を激しく批判したことはよく知られてい
ます。また，ディドロ[※17]やドルバック[※18]といった人たちは無神論者で，神の存
在自体を否定しました。ですが，フランスの啓蒙思想家たちがこぞって反宗教
的だったわけではありません。また，反宗教的な議論はフランス啓蒙に特徴的
な要素で，ドイツ語圏やイギリスには当てはまらないという指摘もあります。
そのフランスでも無神論者は圧倒的に少数派でした。さらに，宗教そのものに
批判的であることと，キリスト教に批判的であること，霊的な指導者であるは
ずの教会が現実の世界で政治的，経済的に大きな力をもつことに反対であるこ
とは，それぞれ別の話です。また，敬虔なキリスト教信者であっても，信仰の違
いを理由とした迫害に反対することは珍しいことではありません。

　ヴォルテールは，彼を嫌う人たちからは無神論者扱いされることもあります
が，「もし神が存在しないとしたら，発明しなければならない」という有名な言

図10　ドニ・ディドロ　　　　　　　　　図11　ドルバック

葉を残しています。この言葉の解釈は簡単ではありません。彼は死後の世界が存在し，この世での行いに応じて神による報いを受けると信じることが，道徳秩序を維持するのに有用だと考えていました。もしも，死後の世界も神による賞罰もないとしたら，多くの人たちは悪事を思いとどまるでしょうか。善行に励もうと思うでしょうか。もちろん，法律や社会の評判といったものも悪の抑止力や善の奨励策にはなるでしょうが，死後の報いはより効果的だとヴォル

※16　第2章でも触れるように，フランスでは17世紀末からプロテスタントは弾圧され，信仰の自由は抑圧されていた。一方，カトリック教会は霊的指導者としての国民の日常生活を管理するとともに，国土の10％近くの土地を所有するなど巨大な経済力も有していた。

※17　Denis Diderot（1713〜1784）。フランスの思想家。『百科全書』の編者として有名だが，唯物論，無神論を唱えた急進的な哲学者としても知られる。また戯曲，小説，美術評論などの作品も残した。

※18　Paul-Henri Thiry, baron d'Holbach（1723〜1789）。ドイツ出身だが1749年頃にはフランスに帰化し，フランス語で執筆活動を続けた思想家。ディドロの友人で『百科全書』にも寄稿している。匿名で出版した『自然の体系』は唯物論のバイブルといわれた。

テールは考えていたようです。この意味で，彼にとって宗教は現実社会におい
て役に立つものだったのです。ですが，彼は，神など存在しないかもしれないけ
れど，存在していることにしておくほうが好都合だと思っていたわけではあり
ません。ヴォルテールは，自分はキリスト教徒ではないが，それは神をより愛す
るためだともいっていて，万物を創造した神の存在は真剣に信じています。た
だ，彼はキリスト教の教義には反対なのです。とくに原罪の思想をひどく嫌い
ました。アダムとイヴが神に禁じられた知恵の実を食べるという罪を犯したか
らといって，その罪が全人類に及び，そのため人間は生まれながらに堕落して
いるとする思想は彼には受け入れがたいものに思えたのです。ヴォルテールに
とって，カトリック教会を攻撃することと，真剣に神を信じることは何ら矛盾
することではありませんでした。

　また，最近では啓蒙の宗教的起源をめぐる議論もあります。それによれば，カ
トリック，プロテスタントを問わず，キリスト教内部の改革派の議論が啓蒙に
影響を与えたというのです。啓蒙と宗教は常に対立するという判断は一面的な
ものだといわざるを得ません。

　ただし，この時代の誰もが，宗教が求める道徳を相変わらず尊重していたか，
宗教儀式に熱心に参加したか，さらには死後の世界を常に念頭に置いて，それ
を現世での幸福より大切だと思い続けていたかというと，そうではありません
でした。社会階層や地域や国による違いはもちろんありますが，18世紀に，実
際に生きている現実の世界で今よりも幸福に生きることの価値が大きくなった
ことは確かなようです。その意味では世俗化は進んでいたといえるでしょう。
ただ，誤解のないようにつけ加えれば，こうした変化は直線的なものではあり
ませんでした。イギリスでは18世紀後半から福音主義と呼ばれる信仰復興運動

も起きています。変化の道筋は決して単純なものではないのです。

科学と宗教

　啓蒙と宗教を対立させる考えは，科学と宗教を対立的に捉える見解と関連しています。それは啓蒙が宗教の役割を軽視し，科学の発展，科学知識の普及によって人類は幸福になれると素朴に信じていたという批判とも結びついています。啓蒙は科学の発展を重視したことは事実ですが，科学が万能だと考えていたとは思えません。人間が知り得ることには限界があるというのがむしろ一般的な態度でした。先にお話した経験論の立場からいっても，経験や実験を通じて観察可能な事柄については確実な知識を得られるでしょうが，そうではない事象については人間は謙虚であるべきだとされました。ヒュームは知り得ないことまで知ろうとすることが哲学が陥りがちな誤りだとしていますし，ヴォルテールもニュートンは引力の本質や原因を知ろうとはしなかった，つまり，人間が知り得ることの限界を弁えていたとして彼を讃えています。

　また，科学と宗教は対立するものだとは考えられていませんでした。最も偉大な科学者とされていたニュートン自身が敬虔なキリスト教徒でした。彼は，自分の研究の目的は偉大な神が創造した世界の仕組みを明らかにすることであり，それはキリスト教の正しさを証明することにもなると信じていたのです。ロバート・ボイル[19]をはじめとする当時の科学者たちも同様で，彼らはキリスト教を批判する議論を敵視していました。

※19　Robert Boyle（1627〜1691）。アイルランド出身の自然科学者。気体の体積は圧力に反比例するという「ボイルの法則」で知られる。また真空の存在を実証するために真空ポンプの改良にも取り組んだ。

図12　ロバート・ボイル

　ただし，当の科学者たちが信仰と科学とは敵対的であるどころか，補い合う
ものだと思っていたとしても，彼らの科学的業績を利用する人々が皆，同じ態
度を取ったとは限りません。科学が物理的な世界の法則を明らかにすることで，
神が世界に介入する余地はない，あるいは宇宙の運動を説明するために神をも
ち出す必要はないという議論が力を得たという側面もあります。ですが，18世
紀という時代においては，科学と宗教は常に対立していたわけではないのです。

啓蒙は特定の思想・哲学なのか？

　理性主義，普遍主義，反宗教といった啓蒙批判を検討してきたわけですが，も
どかしい思いをされている読者もいるかもしれません。これまでの話はどれも，
「啓蒙は○○ではない」「啓蒙は○○だとはいい切れない」というものばかりで
す。「啓蒙とは何か」という積極的な定義はいつになったら出てくるのか，「は
じめに」で述べたように，今よりも良い社会の実現を信じ，そのために努力す

るというだけでは定義として大雑把過ぎるという不満を抱く人もいるでしょう。

　ですが，もっとはっきりと定義できるはずだという不満は，啓蒙は特定の思想や哲学，○○主義と名づけることができるような何かに違いないという思い込みに由来するのではないでしょうか。「啓蒙とは何か」を論じたのはカントだけではなく，当時から啓蒙の定義については見解の一致などなかったといいましたが，現在でも一致した意見はありません。そして，啓蒙とは特定の主義であると思っている限り，思想家同士の意見の対立を説明するのは難しいでしょう。つまり，「啓蒙は○○ではない」という言い方は，啓蒙批判への反論であるだけではなく，啓蒙を何らかの主義や教義として定義可能だとする見方への批判でもあるのです。

　近年では，定冠詞のついた大文字のThe Enlightenmentではなく，複数形のenlightenmentsを使うべきだという研究者も多くいます。つまり，啓蒙は多様であって，特定の主義主張では捉え切れないというのです。次の節では啓蒙の多様性について考えてみたいと思います。

（3）様々な「啓蒙」

●

啓蒙の国籍

　啓蒙はひとつではないという場合，真っ先に念頭に置かれているのは国や地域による違いです。そうした考えによれば，フランス啓蒙とドイツ啓蒙は別物です。スコットランド啓蒙も独自の性格をもっています。イタリアのように多

くの小国に分かれていた地域の場合，ミラノ啓蒙とナポリ啓蒙はそれぞれが独立したものだとされます。イングランドに啓蒙は存在したのかという議論があったり，イングランドとスコットランドを併せたブリティッシュ啓蒙があると主張する研究者もいたりします。

　こうした議論にはかなりの説得力があります。それぞれの地域や国ごとに緻(ち)密(みつ)な研究が行われるにつれて，啓蒙が一枚岩ではないこと，地域差が大きいことが分かってきました。また，かつてはフランス，とくにパリが啓蒙の中心地とされていて，フランス啓蒙だけを論じていれば啓蒙が分かったような顔ができたのですが，そうしたパリ中心の啓蒙観への批判も，啓蒙を複数形で捉える議論には込められています。現在は国際語といえば英語ですが，18世紀のヨーロッパに限ればフランス語が国際語で，どの国でも知識人や上層の人々はフランス語に親しんでいました。プロイセン国王のフリードリヒ2世[20]などはドイツ語よりもフランス語のほうが得意だといわれたくらいです。そうした状況ではフランス語で書かれた書物が影響力をもちやすいのは確かですが，啓蒙はフランスという中心から四方に広がっていったというイメージは誤りです。オランダやイギリスの重要性，スコットランドの貢献などを指摘する研究も多く，また，国や地域によって性格が違うのも事実なのです。

　たとえば，オランダやジュネーヴ，イタリアの諸都市は別として，18世紀には多くの国が君主政という政治形態を取っていましたが，啓蒙と政治との関係についても国によって事情はかなり異なります。啓蒙が積極的に政治に関与して，君主を補佐し，「上からの改革」や中央集権化を推し進めようとする政治姿勢を「啓蒙絶対主義」と呼ぶことがあります。絶対主義というと君主が何でも思い通りにできたと誤解されそうですが，そんなことはありません。ただ，啓蒙

の影響を受けた君主主導の改革の試みはありました。啓蒙絶対君主として名前が挙がるのは神聖ローマ帝国のヨーゼフ2世[21]やプロイセンのフリードリヒ2世，そしてロシアのエカチェリーナ2世[22]といった君主たちです。しかし，イギリスではこうした政治体制を望む声はありませんでした。フランスでもあまり力をもちませんでした。イギリスには議会があって，国王が主導する「上からの改革」が賛同を得られるはずはありませんでした。フランスには議会こそありませんでしたが，改革の試みは挫折続きでした。ただし，上に挙げた3人の君主も思い通りの改革を成し遂げられたわけではありませんし，政策の中身も同じではありません。国が直面する問題も，抵抗勢力の根強さも，君主の慎重さも国によって違うわけですから，どこでも同じイデオロギーに沿った同じ改革が行われるはずはないのです。啓蒙的な改革の中でも代表的な政策といえる農奴解放にしても，それを実行したのはヨーゼフ2世だけです。

　また，先ほど，宗教に対する態度にも国による違いが指摘されているといいましたが，この点でも，それぞれの国や地域で教会がどの程度強大な権力を握っているのか，あるいは宗教的寛容がどのくらい実践されているのかといった事情が大きく影響します。聖職者の権力がさほど大きくなく，ある程度の宗教的

※20　Friedrich II（1712〜1786）。プロイセン国王（在位1740〜1786）。君主は国家第一の僕（しもべ）であるとし，また，ヴォルテールをはじめとする著名な思想家をベルリンに招くなどした開明的君主である一方，領土拡大を狙いオーストリア継承戦争や七年戦争を引き起こした。

※21　Joseph II（1741〜1790）。神聖ローマ帝国皇帝（在位1765〜1790）。信教の自由を認める寛容令，農奴解放，死刑廃止などの政策を実現した典型的な啓蒙絶対君主。急進的な改革姿勢は激しい抵抗を招いた。フランス国王ルイ16世の王妃マリ＝アントワネットの兄でもある。

※22　Екатерина II（1729〜1796）。ロシア皇帝（在位1762〜1796）。当時の北ドイツ出身。ロシア皇太子ピョートルと結婚し，夫が皇帝に即位してまもなくクーデタによって夫を幽閉し，自らが皇帝に即位。積極的な対外政策によってロシアの領土拡大に成功した。

寛容が認められている国では，宗教をことさら批判する必要もないのです。

国内での路線対立

　同じ国に住んでいるからといって全員の意見が一致するはずもありません。国内でも路線対立は当然ありました。対立は啓蒙思想家とその敵対者の間にだけあったのではなく，啓蒙の内部にもあったのです。宗教に対する態度も多様だといいましたが，それ以外にも，たとえば奢侈（しゃし）の是非，つまり消費の急速な拡大をめぐる対立があります。それは経済発展と道徳秩序とのバランスをどのように図るかという問題をめぐる争いでした。具体的には，経済を発展させる上で消費の増大は重要な要素だとして，積極的にこれを擁護する論者と，富者による過剰な消費がもたらす道徳的悪影響や，奢侈の背景にある富の不平等の拡大を懸念する人々が議論を戦わせました。こうした論争はフランスでもスコットランドでもイングランドでもイタリアでも生じています。また，フランスでは穀物流通の自由化をめぐって，イングランドやスコットランドでは常備軍の是非について論争が起きています。政治思想においても，中央集権化を進めるべきか，それとも権力の分散によって独裁的な政治体制の成立を阻止することを優先すべきかといった路線対立がありました。こうした社会，政治問題だけでなく，認識論や自由意志といった哲学にかかわるテーマについても意見の一致などおよそ存在しませんでした。また，抜本的な改革を目指す急進派と，実現可能性を考慮して緩やかな改革を重視する穏健派とに区別する研究者もいます。

「高級な啓蒙」と「低級な啓蒙」

　他にも，「啓蒙はひとつ」という見方とは異なる啓蒙理解があります。それは

図13　ジャン=ジャック・ルソー

「高級な啓蒙」と「低級な啓蒙」という区別です。これまで名前を挙げてきた思想家たちは皆，著名人であり，人名辞典を繙（ひもと）くにせよ，ウィキペディアを見るにせよ，何者であるかを調べるのは容易です。教科書に載っている人も大勢います。しかし，当たり前のことですが，18世紀に文筆活動を行っていたのはこうした著名人だけではありません。さらにいえば，ベストセラーとなるような本を書いたのも，有名人には限らないのです。アメリカの研究者ロバート・ダーントンは，今では誰も知らないような三文文士（さんもんぶんし）たちに光を当てました。彼はそうした人たちを「ドブ川のルソー」と呼んでいます。

　ルソー[23]といえば18世紀の思想家の中でも最も有名なひとりですし，当時のベストセラー作家でもありました。「ドブ川のルソー」とはルソーのように

※23　Jean-Jacques Rousseau（1712〜1778）。ジュネーヴ出身の思想家。人民主権を説いた『社会契約論』，教育論として大きな影響を与えた『エミール』，当時のベストセラー小説『新エロイーズ』の著者であり，激しい文明批判でも知られる。

有名になりたいと願いながらも社会の底辺から這い上がることができず，富も名声も得られないまま，生涯を終えた人たちです。彼ら三文文士は生きていくために出版者の言いなりになって，売れそうな書物を粗製乱造しました。具体的には誹謗中傷文や，あることないことを書き散らしたゴシップ，あるいはポルノグラフィーであり，そうした作品で彼らは既存の権威を容赦なく攻撃しています。ダーントンによれば，フランス絶対王政にダメージを与えたのは著名な思想家たちが担った「高級な啓蒙」であるよりも，むしろ「ドブ川のルソー」たちの「低級な啓蒙」だったとされます。彼らの作品には独創性もなく，思想内容という点では見るべきものはないにせよ，その激しい体制批判は徐々に既存の権威を切り崩していったというのです。実際，こうした三文文士は大勢いました。イギリスでもグラブ・ストリートといえばこうした人々が集う場所として知られていました。

　このように説明すると，啓蒙なんて存在しないのではないかと思う人もいるかもしれません。国ごとに違い，国内にも一致はない。まるで掴みどころがありません。いっそ，啓蒙という言葉を使わないほうが余計な誤解を招かなくていいという考えもあります。しかし，どのような言葉が相応しいかは別として，18世紀のヨーロッパで，目的を共有する集団がいたことは事実だと思います。

（4）それでも「啓蒙」は存在する？

●

共通の特徴はあるのか？

　これだけ多様な啓蒙に共通する特徴はあるのでしょうか。特定の哲学や思想

とはいわないにせよ，より良い社会の実現のためにこれは欠かせないという共通の手段はあるでしょうか。

　あるとすれば，有力候補は宗教的寛容でしょう。基本的に啓蒙思想家と呼ばれる人々はこの理念には賛同していました。ただし，宗教的寛容を初めて主張したのは啓蒙ではありません。宗教改革に続く激しい宗教戦争※24に疲弊した16世紀のヨーロッパでは，信仰の違いを理由とした争いをやめ，国内の平和維持を優先する機運が生まれ，発展していきました。啓蒙はそうした流れを継承しているのです。宗教的寛容に反対する啓蒙思想家はいないにせよ，宗教的寛容は啓蒙の専売特許ではありません。

　言論・出版の自由も，どの程度徹底すべきかは別として，ほとんどの啓蒙思想家に支持される理念です。言論・出版の自由を認めない勢力は宗教や国家への批判を野放しにすることで秩序が揺らぐことを懸念したわけですが，自由を支持する人々は，誹謗中傷は論外としても，誤った意見，有害な見解は自由な討論を経て淘汰され，正しい意見だけが生き残るはずだという態度を取りました。ただ，これも啓蒙が初めて打ち出した理念というわけではありません。

フィロゾーフと呼ばれる集団

　それよりも重要なのは，自分たちは共通の大義を信じる仲間なのだという意識をもつ集団が存在したことです。フランスではこうした人々は「フィロゾー

※24 カトリック教会の堕落を糾弾したマルティン・ルターに始まる宗教改革によって，ヨーロッパ世界は従来のカトリックを信奉する人々と，それを批判するプロテスタントとに二分された。こうした宗教的分裂に政治的対立が重なることで多くの国で宗教戦争と呼ばれる戦乱が生じ，甚大な被害をもたらした。

フ philosophe」と呼ばれました。訳すと「哲学者」という意味になってしまいますが，この言葉には既存の体制や権威に異議申し立てを行う人たちというニュアンスが込められています。また，当時は哲学精神という言葉もよく使用されました。ここでいう「哲学」も普通名詞の哲学とは違います。時には「新しい」とか「今風の」とかいう形容詞つきで表現された「哲学」は，フィロゾーフたちの思想や姿勢を示す言葉だったのです。さらにいえば，出版業界の隠語では「哲学書」とはいわゆる哲学を論じた本だけでなく，誹謗中傷文，ゴシップ，ポルノグラフィーをも含んでいました。ここでも既存の権威への反抗というニュアンスが濃厚なのです。

　こうした集団が存在するという意識は，彼らを嫌う人たちも強く抱いていました。フィロゾーフの敵たちは，体制に批判的で，間違った考えを広めようとする一団がいると信じていて，その影響力が拡大することを危惧していました。

　ルソーは啓蒙の中で独自の思想を展開し，他の思想家たちと対立することも多い人物で，親友だったディドロと喧嘩別れし，逮捕令を逃れてフランスから逃げ出すという窮地を救ってくれたヒュームとも諍いを起こし，当初は尊敬していたヴォルテールとも犬猿の仲になってしまいました。そんなルソーを，ヴォルテールは「仲間を裏切るユダ」として激しく非難します。しかし，こうした発言は，同じ大義を信じる仲間が存在するという前提があって初めて理解できるものです。

文芸共和国

　自分たちは仲間だ，共通の大義を信じる集団だという意識は国境を超えるものでした。知識人たちの国際的ネットワークを文芸共和国と呼びます。そこで

は国籍も身分も関係なく，意見を交わし，情報を交換していました。文通だけではなく，実際に行き来することもありました。モンテスキューは長期にわたってヨーロッパ各地を旅行していますし，ヴォルテールも亡命というかたちですが，ロンドンに滞在し，ベルリンでも暮らしています。パリには多くの思想家たちが国外から訪れています。フランスの文芸事情を国外に伝える雑誌もありましたし，イギリスの文壇の状況を知らせる刊行物もありました。多くの知識人がフランス語を読めたこともこうしたネットワークには有利に働きましたが，翻訳も盛んでした。文芸共和国という表現そのものはルネサンス時代から存在しますが，どのような表現を用いたかよりも，国際的なネットワークでつながっている仲間だという自覚をもった人々が18世紀には確かに存在していたことが重要なのです。

ルートは違ってもゴールは同じ？

　国ごとに啓蒙は異なるという考えを広めた代表的な研究者であるポーコックは「保守的な啓蒙」という概念を提唱しています。啓蒙とは既存の体制に対して批判的だとされるのが通常ですが，イングランドでは啓蒙は保守的性格を帯びていたというのです。啓蒙が国によってどれほど違うものかを示す一例といえるでしょう。ですが，イングランドで啓蒙が保守的性格をもつのは，名誉革命を経て安定的な体制を確立したイングランドは，宗教的狂信と封建制が招く無秩序という危険をすでに克服しており，現状を維持することが啓蒙の目的となったからだとされます。だとすれば，宗教的狂信と封建的抑圧の克服が啓蒙の大義だといえそうです。そして，フランスの啓蒙が保守的になり得ないのは，宗教的狂信と封建的抑圧という打倒すべき敵がまだ存在するからだと解釈でき

ます。つまり，共通の大義はあるけれども，国によって状況が異なるために，現実の運動方針が異なるだけということになるのではないでしょうか。ブリティッシュ啓蒙を主張する研究者も，啓蒙には国籍があり，啓蒙はひとつではないとしていますが，同時に，フランス中心の啓蒙理解を批判して，実はイギリスは啓蒙先進国だったともいいます。言論の自由でもイギリスは先行していたし，ヴォルテールはイギリスの自由や議会制度，宗教的寛容を称賛している，自然科学や道徳哲学でもイギリスは大陸に大きな影響を及ぼしたというのです。こうした指摘はすべて正しいものです。ですが，先進国だった，影響を与えた，先行していたという言い方自体が，ひとつの啓蒙が存在することを暗に示してはいないでしょうか。国によってバラバラで，ひとつの啓蒙など存在しないとしたら，進んでいる，遅れているという判断の基準はどこにあるのでしょうか。啓蒙はひとつではない，国によって様々だとするブリティッシュ啓蒙の主張者も，言論の自由や寛容はどの国の啓蒙にとっても重要な要素だと考えているのは間違いないように思います。

単純でもなく，バラバラでもなく

　啓蒙を批判する人たちがいうほどに，啓蒙は理性主義，普遍主義，反宗教といった特定の主義や理念で整理できるものではありませんし，逆に，統一性も共通性もまるでない，国や地域によって，さらには社会階層によって中身がまるで異なる，実体のないただの名称でもありません。明確な輪郭，はっきりとした定義を示すことが難しいのは事実ですが，啓蒙と呼んでいい現象は存在したのだと思いますし，それは必ずしも複数形で示さなければならない強い理由もないと考えます。

次章では少し角度を変えて「啓蒙の世紀」とはどのような時代であったかを，いくつかの側面から見ていきましょう。

2.「啓蒙の世紀」とはどんな時代か

（1）広がる世界

●

科学の発展と普及

　「科学革命」とか「17世紀科学革命」という言葉を聞いたことがあるでしょうか。革命という表現が適切かどうかは別として，17世紀に自然科学が大きく発展したことは事実です。先にニュートンとボイルに触れましたが，天文学ではガリレイ[※1]，ケプラー[※2]，数学ではデカルト[※3]，パスカル[※4]，ライプニッツ[※5]などの名前を知っている人も多いでしょう。

　18世紀の人々は科学の発達によって自分たちの知識が急速に拡大していることを自覚していました。もちろん，上で名前を挙げたような著名な科学者の業

[※1]　Galileo Galilei（1564〜1642）。イタリアの天文学者。望遠鏡を改良し，天体観測を続けた結果，地動説を唱えるようになるが，カトリック教会から異端として有罪判決を受ける。裁判の折に「それでも地球は動いている」と呟いたという「伝説」は有名。

[※2]　Johannes Kepler（1571〜1630）。ドイツの天文学者。惑星の軌道はそれまで考えられていたように完全な円ではなく，楕円であるとするなどの「ケプラーの法則」で知られる。ニュートンにも影響を与えた。

[※3]　René Descarte（1596〜1650）。フランスの哲学者，数学者。「我思う，ゆえに我あり」で有名な近代合理主義哲学の祖とされる。多くの領域で重要な業績を残し，近代哲学の礎を築いたが，数学者としては幾何学の発展に多大な貢献をした。

[※4]　Blaise Pascal（1623〜1662）。フランスの思想家，数学者。「人間は考える葦である」という言葉を含む『パンセ』で有名。確率論の研究でも知られるが，流体力学でも優れた業績を挙げ，気象情報で耳にするヘクトパスカルなど，圧力の単位にもその名を残している。

[※5]　Gottfried Wilhelm Leibniz（1646〜1716）。ドイツの哲学者，数学者。デカルトと並び近代合理主義哲学の確立に貢献。ニュートンと同じく微積分法を発見した。ふたりのうちどちらが先だったかが問題となり，ライプニッツはニュートンの未発表アイデアを盗用したと非難されることもあったが，現在はそれぞれが独立して発見したとされる。

図14 『ニュートン哲学要綱』（1738）扉絵

績を大勢の人々が直接読んでいたわけではありません。ですが，解説してくれる人たちがいました。『哲学書簡』でもニュートンに言及していたヴォルテールはその後『ニュートン哲学要綱』を書いて，フランスへのニュートンの本格的導入に貢献します。

　また，科学アカデミーと呼ばれるフランスの組織[6]は専門の科学者が集い，研究報告をするだけでなく，亡くなった会員の業績を紹介し，それを讃える文書も公刊していました。執筆を担ったのは終身書記と呼ばれる科学アカデミーの中でも重要な役職に就いた人物ですが，とくに有名なのがフォントネル[7]です。彼は，様々な科学者の業績を専門家以外にも分かりやすく伝えることで，科学の普及に寄与しましたし，また，この仕事は一種の科学史としての機能も果

図15　フォントネル

たしました。

　フォントネルは『世界の複数性に関する対話』という本も書いています。科学者が夜空を見上げながら，貴婦人を相手に宇宙について語るという体裁の作品です。ここで彼は地球以外の天体に生命が存在する可能性なども論じているのですが，この作品の独自性は，科学の素人_{しろうと}である貴婦人に語りかけるというかたちを取って，優雅な文章で最新の科学知識を解説した点にあります。この本は多くの言語に翻訳され，ヨーロッパ中で広く読まれました。

※6　科学の発展を目的として1666年，国王政府によって設立され，フランス革命期に一時的に廃止されたものの，今日まで続くフランスの科学者団体。

※7　Bernard le Bovier de Fontenelle（1657〜1757）。フランスの著述家。文学者としてデビューする。科学アカデミー以外にもアカデミー・フランセーズや碑文アカデミーといった学術組織の会員に選出された。その一方で，匿名で，あるいは印刷することなく，密かにキリスト教の教えに反する作品も執筆していた。

図16　ラヴォアジエと妻マリ=アンヌ・ピエレット・ポールズ
妻のマリ=アンヌも化学を学び、夫婦は協力して実験を行っていた。

科学ブーム

　17世紀後半から自然科学をはじめとする学問が上流社会で一種のブームに
なっていたという指摘もあります。社交界ではデカルト哲学について論じるこ
とが流行ったとされますし、女性にも科学に関心をもつ人は多かったようです。
『世界の複数性に関する対話』では、貴婦人は強い好奇心をもつとはいえ、聞き
役にとどまっていましたが、実際にはもっと積極的な女性たちもいました。ア
カデミーをはじめとする組織は女性に門戸を開いておらず、修道院などでの初
歩的教育を別とすれば、女性が学ぶことのできる教育機関も存在しない時代で
したが、それでも科学に関心をもつ女性はいたのです。

　中には自宅に実験室を作り、器具なども取り揃えて科学実験を行うアマチュ
ア科学者もいました。もっとも、この時代にアマチュアとプロという区別には
意味がありません。現在のように大学や企業から給料をもらったり、国から研

究資金を獲得したりして，科学研究そのものを職業としている人はほとんどいなかったからです。その意味では，全員がアマチュアだといっていいでしょう。ただし，給料も公的な研究資金もない以上，科学研究ができるのはそれだけ経済的にかなりの余裕がある人に限られます。資産があるか，別に職業をもっているか，いずれにせよ，科学研究で食べていたわけではないのです。たとえば酸素という言葉を生み出したラヴォアジエ[8]は，徴税請負人（うけおいにん）という税務関係の仕事が本業でした。

『百科全書』

いずれにせよ，科学知識の拡大を18世紀の人々は身近に感じていたのです。科学知識が増大するにつれて，技術的な改良も進みます。啓蒙時代を代表する作品といってよい『百科全書（ひゃっかぜんしょ）』もこうした科学知識と技術の発展を背景に編纂（へんさん）されたものです。本文だけで17巻という巨大プロジェクトですが，注目すべきは本文とは別に11巻もの図版が刊行されていることです。『百科全書』は独創的な思想を展開するというより，急速に拡大していた知識を収集し，整理し，編集するという性格が強い作品です。そのため，多くの項目が純粋な書き下ろしではありません。すでに存在する作品を大いに活用しており，場合によってはコピー・アンド・ペーストで成り立っているような項目もあります。それでも『百科全書』が成功したのは，増大する知識を整理してくれるこうした辞典が求め

---

[8]　Antoine-Laurent de Lavoisier（1743〜1794）。フランスの科学者。質量保存の法則で知られる。燃焼という現象を燃素（ねんそ）という物質の放出として説明していた従来の燃素説を否定し，酸素との結合によって説明した。フランス革命が過激化する中，国王の手先として人民から過酷な税を搾り取っていた元徴税請負人であるとの理由でギロチンで処刑された。

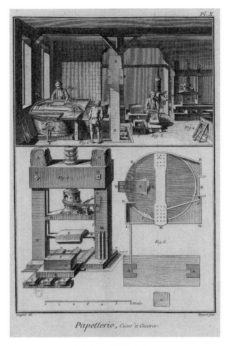

図17 『百科全書』
製紙工場の機械・工具類の図版が掲載されたページ。

られていたからです。また，11巻に及ぶ図版は『百科全書』が最新技術にも強い関心を寄せていたことを示していますし，工芸や機械，解剖学といった分野では図版のあるなしで理解の容易さがまるで違ってきます。編者のディドロは図版製作にも力を注ぎ，どのような図版を作成するかについての企画立案，図版製作者への指示，図版の解説執筆などを精力的に行っています。彼にとって最新の技術を視覚的に分かりやすく伝えるための図版は重要な意味をもっていたのです。

地理的な拡大

　15世紀に始まる「大航海時代」※9は，ヨーロッパ人がそれまで知らなかった世界に目を向ける契機になりました。もちろん「大航海時代」はヨーロッパによる植民地支配という負の遺産を残しました。しかし，それが科学の発展・普及と並んでヨーロッパ人にとっての世界を広げたことも事実です。彼らは世界の多様性を知り，自分たちが当然のものと思い込んでいたヨーロッパ世界について考え直すよう促されます。

　こうした背景のもとで18世紀には数多くの旅行記が出版されました。実際の旅行に基づく記録だけではありません。ユートピア旅行記と呼ばれる架空の土地への旅行記もたくさんあります※10。また「アラビアンナイト」という名でも知られる『千一夜物語』のフランス語訳も18世紀初頭に出版され，人気を博しました。

　ヨーロッパ以外の土地についての情報が増えることは，ヨーロッパ文明を再検討したり，批判したりすることにつながりました。外からの視点を利用することで，内側からは見えにくい欠点をあぶり出そうというのです。たとえばモンテスキューの『ペルシア人の手紙』は，フランスを訪れたふたりのペルシア人が書いた手紙というかたちでフランス社会を風刺しています。また，ヴォルテールはしばしば中国を引き合いに出して，ヨーロッパよりもはるかに古くから存在する文明を紹介することで聖書の記述の信憑性を否定しています。実際

※9　ヨーロッパ人によるアジア，アフリカ，アメリカ大陸への大規模な航海が盛んに行われた時代。

※10　ユートピアとは「どこにもない場所」の意味。イギリスの思想家・政治家であったトマス・モア（Thomas More，1478〜1535）が書いた作品のタイトルとして有名。

図18　ダニエル・デフォー　　　　図19　ジョナサン・スウィフト

に南太平洋のタヒチを訪れたブーガンヴィル※11の『世界周航記』に刺激を受けて、ディドロは『ブーガンヴィル航海記補遺』という作品を残しました。そこで彼は架空の登場人物たちの対話という形式を用いて、所有権、性道徳、宗教観といった面でヨーロッパとタヒチを比較しながらヨーロッパ文明を批判し、ヨーロッパ人が未開人と蔑んでいるタヒチの人々のほうが幸福ではないのかと問いかけています。

　イギリスでもダニエル・デフォー※12の『ロビンソン・クルーソー』やジョナサン・スウィフト※13の『ガリヴァー旅行記』が幾度も版を重ねたことはよく知られています。皆さんも読んだことがあるかもしれません。しかし、これらの作品は子供向けの冒険小説などではありません。とくに『ガリヴァー旅行記』は辛辣なイギリス批判です。また、こうした作品の成功の背景として、イギリス人にとってヨーロッパ世界の外を航海した人々の存在が身近なものだったことが指摘できます。

（2）出版と読書

●

識字率

　科学の発達によるものであれ，地理的拡大の結果であれ，情報が増えても受け手が増えなければ人々の意識や考え方に大きな影響はないでしょう。つまり，情報を求めて書物や雑誌を実際に読む人たちの数も増加することが重要です。その点で，18世紀は印刷物も読者数も急増した時代でした。

　では，潜在的な読者数はどのくらいいたのでしょうか。言い換えれば読み書きできる人はどの程度いたのでしょうか。フランスを例に取ると，18世紀の間に人口はおよそ2200万人から2800万人を超えるまでに増加していますが，識字率も上昇しています。何をもって読み書きができると判断するかは難しいのですが[14]，全国一斉読み書き試験などあるはずもない時代ですから，正確な統計資料は存在しません。様々な文書に署名できたか，それとも文字を書けなくて簡単な記号で済ませているかをもとに推測しています。民衆が文書への署名

---

[11]　Louis Antoine de Bougainville（1729〜1811）。フランスの軍人，航海者。1766年12月から1769年3月にかけてフランス人として初めて世界一周の航海に成功した。

[12]　Daniel Defoe（1660〜1731）。イギリスの作家，ジャーナリスト。トーリー政権下のジャーナリストとして活躍。『ロビンソン・クルーソー』の他にも1665年のペスト大流行をテーマにした『ペスト』などを執筆。

[13]　Jonathan Swift（1667〜1745）。アイルランド出身の作家。トーリー派のジャーナリストとしてホイッグを批判するパンフレットを執筆するなどした後，『ガリヴァー旅行記』を執筆し，大きな成功を収めた。

[14]　この問題は本シリーズ第3巻『読み書きは人の生き方をどう変えた？』（川村肇著）でも議論されている。

を求められることがあったのかと疑問に思うかもしれませんが，結婚契約書などは民衆であっても署名します。もちろん，署名できるからといって日頃から本を読んでいたかどうかは分かりません。自分の名前だけはどうにか書けるという人が難しい本を読むことはないでしょう。したがって識字率はあまり当てにならない目安のひとつに過ぎないのですが，上昇していたことは確かです。1686年から90年頃には文字を読める人は21％程度でしたが，1789年の革命直前には37％になっています。もちろん，地域，社会階層，男女による違いはあります。農村よりも都市，民衆層より上層の人々，教育機会が制限されていた女性よりも男性のほうが識字率が高いことは容易に想像できます。1786年から90年では，男性の47％に対して女性は26％とされています。男性の識字率は都市では50％を超えていましたし，とくにパリでは男性66％，女性でも62％という数字が示されています。また，一般に識字率の上昇ペースは女性のほうが高く，社会階層による差も18世紀を通じて縮小傾向にあるとされます。イングランドではもう少し高く，18世紀末で男性60％，女性40％，スコットランドでは男性65％という指摘もあります。

出版物と読者の増加

　文字を読める人が増えれば，本を読む人も増えるでしょう。印刷物への需要が高まれば出版される本も増加するはずです。実際に18世紀を通じて出版点数は順調に伸びていきました。フランスの場合，1700年頃には年間300タイトルを超える程度だった出版点数は1770年には3倍に増加したとされます。また，定期刊行物の新規発行数も1720年代には40だったものが，1780年代には167に増えているのです。

実質的な読者の数を考える時，識字率や出版点数だけでなく，どのように本を読んだかも重要です。自分で本を買い，ひとりで読むというかたちだけが読書でありません。多くの人が集まる場所では誰かが朗読し，大勢がそれを聞くという形式の「読書」もありました。文芸作品はしばしば朗読されましたし，新聞も朗読されました。また，本を買わずに読む手段もあります。知人同士での貸し借りはもちろん，貸本屋や図書館を利用するという手があるのです。現在のフランス国立図書館の前身である王立図書館をはじめとして，パリには13もの公共図書館がありました。また，書店によっては一定額の会費を払って会員になることで，店に並んでいる本を好きなだけ読めるというサービスを行っています。そのための部屋，机，椅子も準備されていました。このように考えると出版部数よりも読者の数ははるかに多かったと思うのが妥当でしょう。

　出版市場の拡大は一部の作家に大きな利益をもたらしました。原稿料や印税で食べていける著述家は極めて少なく，思想家たちの多くも他の収入源をもっているのが普通でしたが，ヒュームやスミス，ヴォルテールやルソーといった人々はかなりの収入を著作活動から得ていました。ルソーは『エミール』の出版で6000リーヴルという収入を得たとされますが，この額は当時の都市労働者の年収の20倍ほどになります。こうした成功者がいると，著述家になろうとする人間も増えます。出版市場はますます拡大していきました。

　また『百科全書』のような巨大プロジェクトが事業として成功したことも出版市場の拡大なしには考えられません。図版を含めて28巻にも上る『百科全書』がフランス内外で4000部以上も売れたのです。共同でこの作品を出版した4人の出版者の利益は2500万リーヴルに上ったとされます。生活水準が違うので現在の貨幣価値に換算してもあまり意味はありませんが，数十億円の利益を上げ

たと見ていいでしょう。この「パリ版」と呼ばれる版以外にもフランス国外も含め，多くの版が出版されました。それらすべてを合わせると，『百科全書』はフランス国内だけで最終的には1万4000から1万6000部程度流通したといわれます。

検閲体制

　公式な統計史料だけでは18世紀の出版の実情を判断することはできません。検閲制度の問題を考えておく必要があるのです。当時，出版の自由をめぐる状況は国によって様々でした。イギリスとオランダは比較的自由だったとされますが，フランスには厳格な検閲制度があり，原則的にすべての印刷物は事前に検閲を受ける必要がありました。そして，誹謗中傷だけでなく，国王政府やカトリック教会への批判を含んでいる場合は，修正を求められたり，あるいは出版許可を拒否されたりしました。当時の一般的な出版許可は特認つき許可と呼ばれるもので，その書物の印刷・販売に関する独占権を出版許可とともに与えるのです。つまり，許可を申請した出版者以外の者が勝手に印刷・販売を行うことが禁じられます。このようにして政府は出版者の利益を守ろうとしました。ですが，厄介なことに特認つき許可以外の許可もあるのです。黙許と呼ばれるもので，本来は外国で印刷された書物の輸入を許可するための措置です。外国ですでに印刷されているのですから，事前検閲はできません。事前検閲の場合は不適切な箇所を修正させることが可能ですが，でき上がってしまった本の輸入は許可するか却下するかのいずれかです。そのため，多少の問題はあるが禁止するほど深刻ではないと判断されれば，輸入は許可されます。つまり，事前検閲の場合より審査基準が甘くなりがちなのです。そこで，オランダやイギリス，

ジュネーヴなどで出版し，黙許を得てフランス国内にもち込むという手段が多用されます。実際にはフランスで印刷しているのに，出版地をロンドンとかアムステルダムとかにしておくという手もよく使われました。

　さらには黙認というものもあります。これはまさしく「黙認」で，出版者が事前検閲を受けずに違法に出版しているのを知っていながら，わざと見逃すのです。なぜ，そんなことをするかというと，取り締まることでかえってその本が世間で話題となり，売れてしまうからです。もちろん，正式に許可を与えていないのですから，海賊版が出ても保護はしてくれません。それ以外に黙認さえされていない，完全な非合法出版物があります。いわゆる禁書です。印刷，出版，販売はもちろん，所有も禁じられていましたが，実際には大量に流通していました。国内で密かに印刷される場合もあれば，国外から密輸されることもありました。

　正式の許可を得ずに出版され，流通する書物を地下出版物というのですが，フランスで流通していた本の半分以上はこうした本だったとさえいわれます。ベストセラーの上位を占めていた多くは地下出版物だという研究もあります。つまり，実際の出版点数は正式な記録に残る数字よりもずっと大きかった可能性が高いのです。

読書傾向

　18世紀の人々はどんな書物を読んでいたのでしょうか。まず指摘すべきは学問の世界の言語だったラテン語の出版物が減り，英語，フランス語，ドイツ語といった各国の日常言語での出版物が増えたことです。それだけ多くの人たちが書物に接するようになったのです。また，好まれる本の内容も変化しました。蔵

書目録と呼ばれる史料の研究によれば，宗教に関係する本の出版点数は明らか
に低下していますし，その分，小説や歴史書，実用書などが人気を高めています。
フランスでもドイツでも宗教書の割合は1740年代には40％弱あったのです
が，1770年代には25％，1800年には14％にまで落ちています。ドイツ，イン
グランド，北アメリカの図書館で貸し出された書物の内訳を見ても，70％以上
は小説だそうです。宗教書は1％にもなりません。ただし，ここから単純に18世
紀の人々が宗教を軽視するようになったと結論するのは早計かもしれません。
統計資料の不備という問題もありますし，信仰心といった心の問題を数字だけ
で捉えることの難しさもあります。ですが，読書というものが堅苦しいもので
はなくなったこと，読者の増大を背景として，より気軽なものとなり，必ずしも
学問だの研究だのは関係なく，娯楽としての性格を強めていったことは確かで
しょう。

（3）人々のネットワーク

●

公共圏について

　ドイツの有名な哲学者ユルゲン・ハーバーマスは『公共性の構造転換』とい
う本を書いています。1962年にドイツで出版された後，多く言語に翻訳され，
啓蒙研究にも大きな影響を及ぼしました。彼はここで，身分の差や職業の違い
などに関係なく，互いに平等で自由な個人が理性的な討論を行う場が18世紀の
西ヨーロッパで誕生したとして，それを「ブルジョワ的公共圏」と名づけました。
自由で理性的な討論を行うためには一定の知識・教養・余暇が必要で，民衆層

は事実上参加できないため，「ブルジョワ的」という形容詞がついているのですが，いずれにせよ，ハーバーマスはこの公共圏が「世論」を生み出し，政治的に大きな役割を担うようになったとしています。ハーバーマスが描写する公共圏はかなり理想化されている面もあり，排除されている民衆や女性をどのように位置づけるべきかといった問題もはらんでいて，全面的に彼の議論に賛同するわけにはいきません。しかし，こうした限界も含めて公共圏という概念は多くの研究者を刺激しましたし，18世紀に生じていた様々な変化を説明するのに，この概念が極めて役に立つものだったことは事実です。

　ここでは，ハーバーマスの説明がどこまで正しいかといった点にはあまりこだわらず，公共圏を支えたとされる人々の交流の場について考えてみたいと思います。18世紀は商業の拡大もあってモノの流通が増大し，前節で示したように，「知識」という情報も拡散しましたが，人と人とのネットワーク，人々の交流も盛んになった時代でした。では，人々は具体的にどのような場で交流していたのでしょうか。

アカデミー

　先に科学アカデミーについて少し触れましたが，パリにはそれ以外にもいくつものアカデミーが存在します。パリだけではありません。地方都市やフランス以外の国でもアカデミーは設立されます。フランスでは1650年から1715年までの間に13の都市で，1715年から60年までにさらに20の都市でアカデミーが設立されました。学問や文芸の研究・振興・普及を目的とするアカデミーを有することは，都市にとってある種のステイタスとなりました。文化都市として一人前というところでしょうか。

アカデミーのメンバーの身分構成は都市によって異なりますが，平均すると聖職者が22.1％，貴族が39.9％，平民が37.7％です。しかし，重要なのはこうした身分の違いにもかかわらず，アカデミー内部ではメンバーは皆，平等だとされたことです。もちろん，アカデミーは会員数も決まっていますし，富裕層しか事実上は入会できませんが，限られた枠の中であっても，人々の自由で平等な交流を実現する場のひとつでした。

地方アカデミーはいろいろな活動を行っていますが，そのひとつに懸賞論文があります。毎年異なるテーマで論文を募集し，最優秀論文に賞を与えるのです。賞を獲得した作品はしばしば出版されました。文壇にデビューしたいと望む無名の著述家にとっては登竜門の役目を果たしていました。ちなみに懸賞論文に応募し，賞を獲得することで最も成功した人物はルソーです。彼のデビュー作『学問芸術論』も，第二作『人間不平等起源論』もともにディジョン・アカデミーの懸賞に応募するために執筆されたものでした。

懸賞論文のテーマは多様ですが，地元の産業振興や経済の活性化，衛生，貧困などの都市問題にかかわるテーマも多くありました。応募は会員でなくても可能です。フランス人である必要もありませんし，身分も性別も関係ありません。応募者の中に民衆や女性が少ないのは事実ですが，多様な人たちから意見を求めてそれを社会の改善に活かそうとする姿勢は一貫していました。その意味で，アカデミーは内部で完結した組織ではなく，広く知恵を集めて，それを社会に還元するという機能も担っていたのです。

サロン

サロンという集まりは，多くの場合，裕福で身分の高い女性が主催者となり，

図20　ジョフラン夫人のサロン
中央やや左にあるのはヴォルテールの胸像。

文人や科学者などを食事に招き，談話を楽しむというものです。常連客に有名人が多いほどサロンの知名度は上がります。また，誰を招くかを決めるのも，会話の内容や流れを支配するのも主催者である女性の役割で，そこが彼女たちの腕の見せ所ですし，また，サロンごとの特徴が表れる面でもあります。

　サロンも18世紀を代表する公共圏，しかも，女性の役割が極めて大きな公共圏だとされていましたが，近年ではそうした理解は見直されているようです。有力貴族も出入りをし，また主催者である女性も宮廷に顔が利く場合もあります。すべてのサロンがそうだということではありませんが，招待される客たちにとっても，身分の違いを離れた自由な議論よりも，有力者とのコネクションのほうが重要な目的だったとされます。いわゆるコネを作ることで何らかのポストや金銭的な利益などにつなげようというわけです。その意味で，ハーバー

マスがいうような「ブルジョワ的公共圏」とはいいがたく，むしろ伝統的な貴族文化の性質を色濃く残しているとも解釈できます。

フリーメイスン

　フリーメイスンという組織は1599年にスコットランドで設立され，その後，ヨーロッパ各地に拡散していきました。ロンドンでは1670年以降に活動が盛んとなり，1717年にはそれまでに設立されていた4つの「会所」と呼ばれる支部を統合して「大会所」が創設されました。また，ダブリンでは1723年，1728年にはリスボンとマドリッド，1725年頃までにはパリにも会所ができています。1800年までにはフランスには900もの会所があり，会員数は5万人以上いたとされます。ヨーロッパ全体では会所の数だけで数千に上ります。

　フリーメイスンについては怪しげな陰謀組織だとの「都市伝説」が今も絶えません。フランス革命を企んだのはフリーメイスンだといった話さえあります。実際にはフリーメイスンとは無神論者や自由思想家と呼ばれる信仰をもたない人間を除いて，すべての人々が宗派対立を捨てて友愛に基づく交流を実現することを理想として掲げた組織で，科学の発展と慈善活動に積極的に貢献することを求め，メンバー間の平等を原則としていました。

　ただし，フリーメイスンも富裕層でなければ入会できませんし，女性を受け入れる支部もほとんどありませんでした。さらに，この団体は徹底した秘密主義で知られており，内部の規約や儀式などを部外者に漏らすことを固く禁じていました。こうした秘密主義は「陰謀集団」という誤解を招いた一因ですが，同時に，公共圏という概念に含まれる公開性・公共性という要素を欠くと見なされる原因ともなっています。

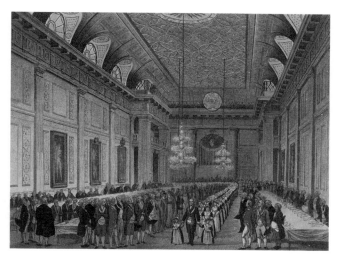

図21　ロンドンのフリーメイスンホール

コーヒーハウス

　アカデミーもサロンもフリーメイスンも，裕福な人たちの集まりです。もっと「普通」の人々の交流の場にはどのようなものがあったのでしょう。代表的なものはコーヒーハウスでしょう。ヨーロッパで初めてコーヒーハウスができたのはイタリアのヴェネツィアですが，最初に普及したのはイギリスで，その後フランスをはじめ各国に広まりました。

　そこには商談するために来ている客もあり，新聞を他の客たちに読み聞かせている人もおり，見たばかりの芝居について議論している連中や，文学談義に熱心な人たちもいます。パリでは，警察に金で雇われたスパイも出入りしており，コーヒーを飲みながら，市中でどんな噂話が流れているのか，宮廷や国王の悪口をいっている人間はいないか聞き耳を立てていることもありました。ルソーやディドロといった思想家たちもコーヒーハウスにはよく通っていたよう

図22　ロンドンのコーヒーハウスの様子

です。ディドロはコーヒーハウス（フランスではカフェですが）を舞台にした小説も書いています。

　コーヒーハウスは開かれた場所でした。コーヒー代を払える金があれば，誰もが出入りできますし，そこで情報を仕入れ，議論を戦わせ，噂話に興じていました。そこから政府に対する批判に話が向かうこともありました。だからこそ警察はスパイを潜入させていたのです。この意味でコーヒーハウスはかなり公共性の高い場所だといえるでしょう。

　このように18世紀には情報が増え，それを伝達する媒介である印刷物も増加し，得た知識を交換し，論じ合う場も発達していきました。その結果，人々は既存の制度や慣習に対する不満や違和感を言葉にするようになっていきます。具体的な言葉とすることで，考えはよりいっそう明確な輪郭をもつようになっていくのです。

（4）「世論」の台頭

●

世論とは

　公共圏と呼ばれる交流の場が本当に開かれたものだったかは別としても，ハーバーマスの議論が影響力をもったのは「世論」の台頭という現象を強調したからです。世論という言葉は当時から実際に使われていました。意見（opinion）という単語に公の・公衆の・公共の（public）という形容詞を付した言葉ですが，単なる「意見」が根拠もあやふやで信頼の置けないものだとされていたのに対して，「世論」になると，にわかに権威を帯びるという現象が18世紀後半に生じるのです。世論の性格はひとつではありません。イギリスのように議会があり，トーリーとホイッグという対立する政治党派が存在する場合，世論もそれぞれ贔屓の党派を支持しますから，世論はひとつの声にはなりません。一方，フランスでは建前上，国王のみが国全体を代表していることになっているものの，実際には政府を批判する勢力が存在しており，批判勢力は単一の世論，つまり国民全体のひとつの声を自分たちが代わりに伝えているというかたちで王権に反対します。やがて，王権自体が世論を味方につけようとします。絶対王政の理論からすれば国王はすべての上に立つ絶対的な審判者であるはずです。なのに世論を味方にしようとするのは，審判の役目を自ら世論に譲り渡すに等しい行為です。こうして，世論の実体がよく分からないままに，フランスでは世論は権威を高めていきます。絶対王政の危機を理解するのに，世論という概念は実に役に立つものなのです。

　ここからは，世論が大きな意味をもった出来事をいくつか見ていきましょう。

ヴォルテールと世論

　1761年10月13日，南フランスのトゥールーズという町の富裕な商人ジャン・カラスの家で，長男マルク＝アントワーヌの遺体が見つかりました。自殺でした。自殺はキリスト教では大罪です。教会への埋葬さえ拒否されます。集まった野次馬たちの前でカラスは息子の自殺を否定しました。その後，一家は逮捕され，カラスは実の息子を殺した嫌疑で裁判にかけられ，自白も物的証拠もないままに処刑されます。カラス一家は数少ないプロテスタントでした。トゥールーズは宗教戦争の時代からプロテスタントと激しく戦った町で，プロテスタントへの憎悪が強い土地だとされます。裁判所はそうした町の空気に押されるかたちで，無理のある有罪判決を下してしまいました。

　この話を伝え聞いたヴォルテールは最初，本当にプロテスタントによる息子殺しなのか，カトリックのプロテスタントへの偏見が招いた冤罪事件なのか，判断に迷ったようですが，情報を集めるうちに，冤罪事件であることを確信します。そして，処刑されたジャン・カラスの名誉回復と，残された一家の救済のために尽力することになるのです。

　再審請求によって死刑判決を破棄するための法的手続きも，知人の弁護士と協力してもちろん行いました。しかし，それ以上に力を入れたのが文書によるキャンペーンでした。フランスではプロテスタントにも一定の権利を認めたナント王令が1685年に廃止されて，カトリックへの改宗が強要されました。1702年から1705年にかけて起きたプロテスタントによる反乱も国王軍によって徹底的に弾圧されました。それ以後，政治的に危険な存在ではなくなったプロテスタントは，少数存在はしていましたが，市民権も認められていませんでした。こうした状況の中，ヴォルテールはカトリックによる宗教的不寛容が生

んだ悲劇としてこの事件を取り上げ，カラスの無罪をヨーロッパ中に訴えたのです。

　結果的に国王政府は再審請求を認め，カラスの無罪が確定します。裁判所が下した判決が王権による介入で逆転されたわけです。しかし，カラスはただの一市民であり，しかも王権自身がその存在を承認していないプロテスタントです。冤罪だったとはいえ，逆転無罪とした背景にはヴォルテールのキャンペーンによってカラス裁判を疑問視する世論が高まったことがあります。つまり，ヴォルテールは世論というものが政府を動かし得る力をもち始めていることを見抜き，得意のペンの力で世論を掻きたてるという作戦に出て，見事に成功したと考えられるのです。

テュルゴーの改革

　1774年，即位してまもないルイ16世のもとで，テュルゴー※15は財務総監という大臣職に就任します。彼はいくつかの大胆な改革に着手しますが，ここでは穀物の流通自由化と世論について考えてみたいと思います。

　当時のフランスでは穀物取引は自由ではありませんでした。1760年代にも部分的に自由化政策が実施されたことがありましたが，うまくいきませんでした。というのも，穀物価格の上昇は民衆にとって死活問題で，政府もこの点で民衆の不満が高まるのは避けたいと思っていたからです。そのため，政府は様々な規制によって穀物価格の安定を図っていました。穀物は特別な商品であり，商

※15　Anne-Robert-Jacques Turgot（1727〜1781）。フランスの行政官，思想家。エリート行政官僚である地方長官として実績を挙げた後，財務総監に抜擢された有能な官僚であると同時に，『富の形成と分配に関する考察』を著した経済思想家としても有名。

図23　アンヌ=ロベール=ジャック・テュルゴー

人たちが自由に売り買いできなかったのです。しかし，自由化すべきだという
意見も強まっていました。政府も民衆も，商人が穀物を買い占め，意図的に価格
を吊り上げることを心配していましたが，自由化論者によれば，どこかの地域
で穀物価格が吊り上げられれば，他の地域から安い穀物が流れ込み，すぐに落
ち着くというのです。それよりも，国内流通だけでなく輸出も自由化すること
で，販路を海外にも拡大し，常に需要がある状態にすることで農業生産は拡大
し，結果的には穀物供給は安定すると考えたのです。

　テュルゴーは自由化を推進しました。ところが，運悪く，その年は凶作となっ
てしまいました。穀物価格は高騰し，小麦戦争と呼ばれる民衆暴動が起きます。
一連の騒動の原因は天候不順による凶作ではなく，テュルゴーの自由化政策に
あるとする批判に対抗するために，側近だったコンドルセはテュルゴーの政策
を擁護する文書を執筆します。その中で彼は，確かな情報に基づいて正しい推
論を行う，耳を傾けるべき世論と，現状では無知と偏見から抜け出せないため

に従うに値しない民衆の意見とを区別します。

　テュルゴーを擁護する立場からはこうした区別は当然だったのかもしれませんが，信頼に値する世論と，当てにならない民衆意見との間に明確な境界線を引くのが簡単ではないことは明らかです。ここには世論という概念につきまとう恣意性（しい）と，民衆という存在を前にした時の，啓蒙の曖昧（あいまい）な態度が現れています。

ネッケルの『財務報告書』

　フランスは度重なる戦争と浪費によって財政が行き詰まっていました。テュルゴーによる改革が彼の解任によって挫折した後に，財政政策を担ったのはジュネーヴ出身の銀行家ネッケル※16です。彼はプロテスタントでしたが，国家財政の舵取り（かじ）を任されたのです。

　世論との関係で特筆すべきは，彼が1781年に『財務報告書』という作品を公刊したことです。これは彼が大臣に就任してからフランスの財政が改善したことを数字によって示した文書です。自己宣伝という側面が強く，記載された数字を鵜呑みにすることはできないのですが，重要なのは，国家財政の実情を初めて公にしたことです。絶対王政の原則によれば，国王は自らの政策について国民に説明する必要などありません。財政が危機に瀕（ひん）していることは公然の秘密でしたが，実情を国民に知らせるなど思いもよらないことでした。それは「王

※16　Jacques Necker（1732〜1804）。1776年から1781年まで財務長官として財政政策を担当するが，宮廷内の保守派に憎まれ，失脚。その後，改革が一向に進まない中，彼を政府は再び登用するが，彼が求めた全国三部会の開催が革命のきっかけとなる。革命が始まると人気を失い，辞任。

図24　ジャック・ネッケル

の秘密」であり，政府だけが知っていればよかったのです。ですが，ネッケルは
外国人のプロテスタントであり，宮廷内部に人脈もありません。自分の地位と
権力の支えは世論の支持であることが分かっていたのです。『財務報告書』は
飛ぶように売れたといいます。多くの国民は情報に飢えていたのです。政府に
とって都合のいいことしか書いていない新聞など当てにならないことは誰もが
知っていました。国民は初めて財政について確かな情報を与えてくれたネッケ
ルを熱狂的に支持しました。政府は「王の秘密」を暴露した彼を解任しますが，
その後，再び彼を起用せざるを得なくなります。彼の失脚と復活は世論の力を
示しているとともに，情報を求める人々の意識の高まりをも示しているのです。

変化する意識

　世界は広がり，情報も増え，それを伝達する媒体や，得た情報について議論す
る場も増大していきました。世論の台頭という現象は，そうした中で人々の意

識が少しずつ変化していたことを示しているように見えます。正しい情報を求め，それについて意見を交わし，自分自身で考えようとする姿勢をそこに見ることができます。啓蒙というのはこうした人々の意識の変化に支えられています。というより，こうした意識が啓蒙の中身だといってもいいくらいです。

　最後の章では，具体的に啓蒙が目指した「より良い社会」の内容を考察したいと思います。

3. 啓蒙はどんな社会を目指したのか

（1）豊かさの追求

●

商業社会の台頭

18世紀は商業が発展した時代でした。国による違いはありますが，国内商業も国際貿易も順調に拡大していました。自給自足や物々交換の世界が完全に消滅したわけではありませんが，自分の労働力という「商品」も含めて，貨幣を用いて市場で商品を売買することが当たり前となったのです。経済学の祖といわれるアダム・スミスはこうした社会を「商業社会」と名づけました。今でいう市場経済社会のことです。

商業社会では誰もが自分の利益を求めて行動します。それが，結果的には国全体に豊かさをもたらすと考えられました。貧困は当時も深刻な問題で，経済の発展はいうまでもなく貧困を克服するために必要な条件だとされたのです。より良い社会という場合，そこには経済的な豊かさも含まれていました。

現在は，環境問題や資源問題の深刻さを背景に，豊かさの追求という姿勢に対して懐疑的な意見もあります。逆に，18世紀は豊かさの追求が道徳的に後ろめたいものではない，社会秩序とも両立するという議論が力をもつようになった時代です。経済問題への関心も高まりました。経済をテーマとした書物，雑誌の数は18世紀半ばから目立って増えますし，産業振興に尽力した地方アカデミー以外にも，フランスの多くの都市では農業の発展を目的とした農業協会という組織が設立されます。

しかし，私的利益の追求に基づく国全体の富裕化という展望には多くの反論もありました。富への執着に批判的で，慈善行為や教会への寄付を通じた貧者

の救済を求めるキリスト教道徳からの反発はもちろん，私的利益の追求が公共精神や徳の衰退を招くといった批判，さらには，自由な富の追求は結果的に不平等を拡大するという意見もありました。私的利益の追求を正当化し，商業社会を擁護する議論は，すべての反対意見を封じ込めたわけではありません。

　ただし，積極的に支持するか，反対するかにかかわらず，商業社会の台頭という現象は誰にとっても明らかでした。人々は，それまでの社会とは異なるタイプの社会に直面しているという自覚をもっていました。18世紀は，こうした現実社会の変化への対応を迫られていたのです。商業社会に伴う長所と問題点を洗い出し，分析することが経済学の成立を促したともいえますが，当時の人々が論じた問題は，狭い意味での「経済」を超える広がりをもっており，歴史観や道徳哲学と切り離せないものだったのです。

道徳秩序

　私的利益の追求を許すことで人間の利己心は野放しとなり，道徳の退廃を招くのではないか，あるいは，富が人間の価値を決める尺度となってしまうのではないか。こうした懸念を理由に，商業社会に疑念を抱く思想家は少なくありませんでした。誤解のないようにいえば，商業社会を擁護する人たちはこうした問題を無視して，道徳よりも経済が大事だと主張したわけではありません。私的利益の追求による豊かさの実現は道徳秩序に反しない，豊かさと道徳は両立すると考えたのです。その意味で，道徳を軽視したわけではないのです。

　経済的な豊かさと道徳との対立をめぐる問題は「富と徳」問題と呼ばれます。スコットランドでもイングランドでもフランスでもイタリアでも，それは論争の的となりました。富と徳との両立を説いた代表的な論者のひとりはヒューム

です。彼は商業社会における人々の交流の発展が，他者の目を意識させることで，なりふり構わぬ金銭欲やむき出しの利己心を抑制すると考えていました。ですが，富と徳は両立すると主張する際，実は，彼は徳の内容を書き換えてもいるのです。徳という言葉は本来，勇気という意味も含むものでした。つまり，軍事的な勇気，戦場で死を恐れずに雄々しく闘うことが徳だったのです。あるいは，徳は自己犠牲を伴う全体への奉仕であるという理解が一般的でした。私的利益の追求をこうした意味での徳と折り合わせるのは困難です。そのため，ヒュームは商業社会に相応しい徳を提唱します。公正さ，人への気遣い，親切な振る舞い，社交性といった資質です。彼によれば新しいタイプの社会ではそうした資質のほうが大切だというのです。商業社会でも，困窮している人を助けようともせず，自分の利益を優先するのは悪徳だとされます。ただ，ヒュームは自己犠牲を強いるような徳はもはや時代に合わないものだと考えました。

　スミスも商業社会を擁護したひとりです。ただし，今でも誤解されることがあるようですが，彼は利己的な人間による自由な自己利益の追求が市場を通じて全体の利益を実現するといった楽観的な自由主義を唱えたわけではありません。第1章で触れた，同感原理を基盤とした彼の道徳論が示すように，スミスが想定するのは，自身の内面に公正な観察者を抱え，自分の振る舞いが他人にどのように映るかを無意識のうちに気にしている存在，内面に道徳的な抑制力を備えた人間です。単純な利己的人間ではありません。『国富論』を出版した後も，スミスは『道徳感情論』の改訂を続けました。商業社会における道徳の問題が彼の頭を離れることはありませんでした。彼は，商業社会では富者が過剰に尊敬され，貧しい人間が蔑まれる傾向が強まると考えていましたし，生産性を向上させる鍵となる分業の進展が，機械的な単純作業を強いることで人間の尊厳

を損ない，知的能力の発達を阻害する可能性があることにも気づいていました。手放しで商業社会を称賛していたわけではないのです。

　商業社会の否定的な側面を痛烈に批判した代表的な人物がルソーです。スミスの商業社会論はルソーが突きつけた問題への回答の試みだとする指摘もあります。ルソーの徳についての理解は伝統的なものです。彼にとって富と徳とが対立することは自明の理でした。自分の経済的利益だけを求めて行動する人間が有徳なはずはありませんし，それが結果的に社会に好ましい影響をもたらすはずもなかったのです。ですが，豊かさの追求を批判したからといってルソーを「反啓蒙」と決めつけるべきではないと思います。啓蒙はより良い社会の可能性を信じ，その実現を目指す運動です。ルソーには，よい良い社会の尺度を経済的豊かさだけに求めることが誤りだと思われたのです。彼にとって，幸福に生きるために富は必ずしも優先順位の高いものではなかっただけで，より良い社会に向かうことを否定しているわけではありません。

不平等問題

　ヒュームにしてもスミスにしても，私的な利益を求めることが結果的に全体の豊かさにつながるという立場を取りましたが，ルソーはそうした見方にも懐疑的でした。彼が商業社会に向ける不信感の大きな要因は，それが不平等を拡大するという点にありました。ルソーはしばしば誤解されるような平等論者では必ずしもありません。各自の努力の差に比例した収入の差は認めています。問題は，努力と富との比例関係を維持することは自由な市場経済社会では不可能だということでした。彼によれば，多くの資金をもっている方が市場では常に有利です。一文無しが富を得るのに比べて，最初から大金をもっている人間

がそれを増やすほうが簡単だというのです。富の不平等も最初は努力や才能の差,運の善し悪しによるものだったかもしれません。しかし,貨幣と市場は富の不平等を拡大すると彼はいいます。市場では貨幣が貨幣を生むのです。機会の平等さえ確保すれば,結果的に富の不平等が生じてもそれは当然であり,何の問題もないという意見などまやかしに過ぎません。相続というかたちで本人の努力や才能とは関係なく多くの富を得る人間と,貧しい家に生まれた人間との間に機会の平等などあるはずはありません。

　ルソーによれば商業社会では否応なく富の不平等は拡大していきます。国民は一部の富裕層と大多数の貧困層に分離してしまい,そこにはひとつの国民,同じ利害で結ばれた同胞市民という意識も存在しません。国民の利害の分裂は統治者にとって権力を拡大する好機です。富者は現状に安住し,貧者は生きていくのに精一杯で,権力を監視するどころではありません。国家権力は肥大化し,やがて国民の自由も失われます。平等の破壊は最後には自由の喪失を招くとされます。

　不平等の拡大に伴う危険への不安は多くの人々が共有していました。商業社会擁護派のヒュームも,分厚い中間層の存在が重要だとしています。極端な貧富の差は国民全体の担税能力の低下,富者による権力の独占を招くだけでなく,人間性にも反するとしています。そのため,税制の工夫などを通じて,富の二極化を防止することが必要です。ヒュームは,技術的に実施するのは難しいとはしながらも,奢侈品を対象とした消費税はこの点で優れているといいます。富裕層だけが購入するような高価な贅沢品に課す消費税なら,中流以下の人々が負担することはありませんから,いわゆる税の逆進性という問題も生じません。

貿易の嫉妬

　商業社会には他の問題点もあります。それはヒュームが「貿易の嫉妬」と呼んだものです。国際経済とは本来，ゼロサムゲーム[※1]ではないと彼は考えました。多くの国々がそれぞれの得意な部門を活かしながら相互に発展していくのが望ましいし，それは可能だとしたのです。貿易相手国が富裕になり，購買力が高まれば，こちらの商品をより多く輸入してくれるようになります。相手国の発展は自国の利益となるはずです。しかし，実際にはそうした政策は取られていませんでした。多くの国は貿易黒字の獲得を目指し，あるいは国内での雇用拡大を目的として，様々な規制を設けていました。保護関税や輸出奨励金などによって輸入を制限し，輸出を増やそうとしましたし，輸入をするのであればできるだけ原材料を輸入し，国内で製品に加工した上で輸出をするのが有利だとされました。そうすることで，製造業はより多くの労働者を雇用できるからです。逆に製造品を輸入することは，自国の出費によって輸出国の労働者を雇用してやっているに等しいとされました。こうした考え方はいずれも，自国の利益は相手国の損失の上に成り立つという発想に基づいています。

　植民地争奪戦争も同じ発想に由来します。植民地を原材料の供給地，製品の輸出先と位置づけ，自国の経済的利益を図るための道具と見なす立場からは，他国を押しのけて，より多くの植民地を獲得することが有利とされます。そのため各国は植民地争奪競争に乗り出しました。最初に広大な植民地を手に入れたのはスペイン，次いでオランダでしたが，18世紀には主役はイギリスになっていました。第二次英仏戦争とも呼ばれるフランスとの争いを制したイギリスは，アメリカ独立という痛手を負いながらも，19世紀の「イギリス帝国」建設の基盤を築くことに成功しました。

また，特権会社と呼ばれる組織もありました。特定の会社だけに決まった地域と貿易を行う独占権を与えるのです。イギリス，オランダ，フランスで設立された東インド会社は典型的な例です。新たな貿易部門を開拓するにはコストもかかり，リスクもあります。それを補塡(ほてん)する意味で貿易独占権を与えるのですが，特権会社は商業の自由という理念に反する存在でした。自由な競争が存在しない以上，特権会社は莫大(ばくだい)な利益を得られますが，商業全体が発展するとは限りませんし，利益がより多くの人々に還元されるわけでもありません。

　商業社会を批判する陣営だけでなく，擁護する人々も「貿易の嫉妬」や特権会社に伴う弊害を告発しました。保護主義を批判し，自由主義的な経済体制を求める議論には，こうした背景があるのです。商業社会を支持する論者にとって，商業の発展が「貿易の嫉妬」を原因とする戦争を招き，特権によって商業がもたらす利益が一部の人々に独占されるという事態は容認しがたいことでした。彼らは，商業社会を擁護しながらも，その現状を追認していたわけではないのです。

経済的合理性

　自己利益の追求が，結果として国全体の豊かさにつながるという展望は，市場の自動調整機能への信頼を示していると同時に，人は経済的に合理的な行動を取るはずだという人間観を前提にしています。しかし，こうした人間観も怪しいものでした。

※1　参加者の得点合計が常にゼロになるゲーム。つまり，一方が得点すると他方は必ず失点する仕組みを指す。

18世紀の半ば以降，フランスでは一時期，フィジオクラート※2と呼ばれる一団が影響力をもちました。日本では重農主義者と呼ばれることもあります。彼らは農業だけが生産的であり，農業の発展がすなわち経済発展だという独自の学説を唱えた集団ですが，ここで問題にしたいのはそこではなく，彼らが好んで使用した「明証性」という概念についてです。

　「明証性」とは元来，哲学用語です。それが真理であることが誰も疑い得ないほどに明白であることを指すと思ってください。フィジオクラートは，自らが提唱する経済学はこの明証性を備えているとして，自分たちが求める政治・経済体制を「政治社会の自然的・本質的秩序」と呼びました。そして，この秩序を認識した人間は，どのように行動することが自己利益につながるかを理解し，自己利益の最大化に向けて合理的な行動を取るはずだと主張したのです。

　彼らの議論は多くの批判を浴びました。自然科学であれば「明証性」を伴う真実は存在するかもしれないが，社会に関する事象においてはそのような真実は存在しない，あるいは見いだせないという反論もありました。人間はたとえ経済的に何が有利かを理解したとしても，経済的合理性に従って行動するわけではないという批判もありました。人は時に非合理な情念に引きずられて，経済的合理性に反した行動を取るもので，それは無知や偏見だけでは説明できないというのです。フィジオクラートは，自分たちは情念を無視したのではなく，経済的利益を求めるという情念を重視しているのだと反論しましたが，経済的合理性に依存し過ぎた説明であることは否定できないと思います。

　ここからも，18世紀の人々が，合理的に自己利益を追求する人々の行動が市場を通じて調整され，結果として全体の豊かさを生むといった楽観的な経済的自由主義を信じていたわけではないことが分かります。商業社会が豊かさを実

現してくれる社会だと最終的に判断した人々にとっても，その判断に至る道筋
は単純なものではありませんでした。

（2）社会改革と人権意識

●

宗教的寛容の進展

　18世紀には現実の社会改革も進行します。

　宗教的寛容は啓蒙思想家たちの間で意見の一致するテーマのひとつだといい
ましたが，実際にもこの理念は社会全体に普及し，実を結ぶようになります。
ロックには『寛容についての手紙』という作品がありますが，そこで主張され
た寛容の範囲はプロテスタント内部に限定されており，カトリック教徒は寛容
の対象には含まれていませんでした。しかし，カラス事件をはじめとして宗教
的不寛容との戦いに尽力したヴォルテールには，こうした限定は存在しません。
彼にとっては，宗教的迫害など文明社会にあるまじき蛮行でした。ヴォルテー
ルが亡くなって10年ほど後の1787年，神聖ローマ皇帝ヨーゼフ2世に遅れるこ
と6年，フランス国王ルイ16世はついに寛容令を発し，プロテスタントへの市
民権付与を認めます。1789年の「人権宣言」ではユダヤ教徒も含めた信教の自
由が確立されます。アメリカ合衆国でも1791年，権利章典修正第1条で信教の
自由が保証されました。

※2　フランソワ・ケネー（François Quesnay 1694〜1774）を創始者とする集団で，最初の経済
　　　学派ともいわれる。自らの機関紙を発行し，ケネーの学説の普及と，批判への反駁に努めた。政
　　　府部内にも賛同者を得て，一時は政治的影響力を行使するに至った。徹底した自由主義を主張。

刑法改革

　刑法改革も重要なテーマとなりました。この点で最も影響力があったのはベッカリーア[※3]です。

　当時，多くの国では一定の条件を満たせば容疑者を拷問(ごうもん)にかけることが認められていました。また，死刑判決が下されることも多く，死刑は原則的に公開でした。しかも，犯した罪によっては極めて残酷な処刑方法が取られました。たとえば第2章で述べたカラスは車刑(しゃけい)という方法で処刑されています。これは死刑囚の四肢(しし)を棒で打ち砕いた上で，巨大な車輪に縛りつけ，放置するという刑罰です。斬首刑(ざんしゅけい)や絞首刑(こうしゅけい)ならすぐに絶命するでしょうが，車刑は違います。息絶えるまで長時間にわたって死刑囚は苦しみ続けるのです。このような残酷な刑罰が用いられた理由は，処刑とは見せしめのためにあると考えられたからです。だからこそ公開されました。つまり，罪を犯した者はこのような目に遭(あ)うと見せつけることで，人々に恐怖を植えつけ，犯罪を抑制することが目的だったのです。ですが，実際には効果を発揮したようには見えません。処刑当日は怖いもの見たさの群衆が押し寄せ，お祭り騒ぎとなりました。斬首刑の場合，死刑執行人の手際が悪いと野次が飛びました。死刑を公開することに教育効果などなかったのです。

　ベッカリーアは功利主義という立場を取っています。ある行為が社会全体の利害という観点から見て，有益であるか，有害であるか，言い換えれば，より多くの社会のメンバーの利害に貢献するか否かを法や道徳の判断基準にするという立場で，著名な功利主義者であるベンサム[※4]は，これを「最大幸福原理」と呼んでいます。ベッカリーアによれば死刑や拷問は，それに伴う弊害や苦痛を凌駕(りょうが)するだけの利益をもたらしません。むしろ，有害であり，廃止されるべき

図25　チェーザレ・ベッカリーア

だとしたのです。彼は罪刑法定主義も主張しました。「懲役何年以下，罰金いく
ら以下」といった言葉をニュースなどで耳にすることがあると思いますが，今
では犯罪の種類によって科される刑罰は予め決まっています。そうでないと，
裁判官の恣意や世間の圧力などで刑罰の重さが変わってしまいます。それでは
公正な裁判とはいえません。罪刑法定主義においては罪と罰が釣り合っている
ことが重要です。些細な罪で死刑を科すことに犯罪抑制効果はないとされまし
た。死刑は簡単には廃止されませんでしたが，フランスでは1788年に拷問が廃
止されました。もちろん，現在に至るまで拷問という行為そのものがなくなっ
たわけではありません。しかし，廃止すべきとする意見が18世紀に徐々に大き

※3　Cesare Bonesana Beccaria（1738〜1794）。イタリア，ミラノ出身の法学者。1764年に出
　　版した『犯罪と刑罰』で拷問と死刑の廃止，罪刑法定主義などを主張し，多大な影響を与えた。
※4　Jeremy Bentham（1748〜1832）。イギリスの哲学者，経済学者，法学者。功利主義原理に基
　　づいた法改革を提唱。経済的には自由主義が最大の利益をもたらすと主張した。哲学的急進主
　　義と呼ばれる議会改革運動に強い影響を与えた。

くなったのは事実です。

人権意識とその限界

　宗教的寛容の広がりにせよ，刑法改革にせよ，その根底には人権意識の拡大
がありました。18世紀は，人間は誰もが共通の権利を生まれながらにしてもっ
ているという考えが強まった時代です。当時は自然権という言葉を用いていま
した。「アメリカ独立宣言」やフランスの「人権宣言」は，自然権思想と呼ばれ
る考えに基づいています。内容は生命，自由，幸福の追求であったり，自由，所有，
安全の確保であったり，圧政への抵抗であったり，若干の違いはありますが，基
本的にすべての人間はこうした権利を保証されなければならないとされました。
　このような人権意識の高まりと，それが「アメリカ独立宣言」や「人権宣言」
として実を結んだという事実は評価しなければなりません。しかし，こうした
宣言通りに事態が進んだわけではないこと，そこには限界があったことも指摘
すべきでしょう。

女性の権利

　限界として考えられることのひとつは，女性が置かれた境遇です。教育機会
が平等でなかったこと，アカデミーといった学術機関やフリーメイスンには多
くの場合，入会を認められていなかったことはすでに触れましたが，財産権な
どの法的な権利もまったく平等ではありませんでした。何度か映画化もされて
いる『危険な関係』[5]という小説の主人公は貴族の未亡人ですが，再婚する気な
どさらさらありません。というのも，結婚前は父の支配下に置かれ，結婚後は夫
への従属を余儀なくされる当時の女性にとって，未亡人という立場は比較的好

ましいものだったのです。彼女の場合は裕福な貴族でしたから，未亡人になっても生活には困らなかったでしょうが，民衆女性はそうはいきません。当時の一般的な都市労働者は，収入の半分がパン代に消えるという貧しい生活を送っていました。食費全体ではなく，パンだけで支出の半分を占めるのです。そうした中で，女性労働者の賃金は男性に比べ半分程度しかありませんでした。子供を抱え，夫を亡くした彼女たちの境遇は悲惨でした。

　フランス革命が始まってまもなく制定された「人権宣言」は，正式には「人間および市民の権利の宣言」といいますが，「人間」も「市民」も男性名詞で書かれています。つまり，「男性および男性市民の権利の宣言」と読めるのです。実際，女性には政治的権利は認められませんでした。これに対して，女性にも男性と同様の権利が保証されるべきだとして，オランプ・ド・グージュ[6]は「女性および女性市民の権利の宣言」という文書を発表します。しかし，革命政府が女性の権利を拡大することはありませんでした。コンドルセなど男女の平等を主張する論者もいたのですが，例外的存在に過ぎなかったのです。

奴隷貿易と奴隷制
　ヨーロッパの地理的拡大は植民地争奪戦の原因となり，植民地支配は奴隷貿易を生み出しました。綿製品や装飾品，武器などを西アフリカに輸出し，そこで

※5　フランスの作家，軍人であったラクロ（Pierre Ambroise de François Choderlos de Laclos，1741〜1803）が1782年に発表した小説。当時の貴族社会の道徳的退廃を描く。
※6　Olympe de Gouges（1748〜1793）。フランスの作家。「女性および女性市民の権利宣言」を著したフェミニストとして有名だが，多くの小説や戯曲も書いている。フランス革命の最中，ルイ16世の裁判では国王の弁護を申し出た。その後，反革命派として処刑された。

図26　オランプ・ド・グージュ

黒人奴隷を購入し，西インド諸島などで売り払い，コーヒーや砂糖といった植民地産品をヨーロッパにもち帰る「三角貿易」が盛んに行われました。奴隷たちはこうした植民地産品を生産するための労働力として酷使されました。

　奴隷貿易に対する批判は17世紀からありました。これに対して，もともとアフリカで奴隷だった人々を購入したのであり，自由な人間を奴隷にしたわけではないとか，キリスト教を教えることで，彼らを誤った信仰から解き放ち，魂（たましい）の救済への道を開いてやったとかという言い訳も聞かれましたが，何より奴隷貿易と奴隷制はヨーロッパ諸国の経済的発展を支える重要な要因だと思われていたのです。最盛期には年間5万人から6万人もの黒人奴隷が大西洋を渡り，その総数は1200万あるいは2000万に上るとされます。奴隷貿易を最も盛んに行っていたのはポルトガル，イギリス，フランスでした。ハイリスク・ハイリターンの事業でしたが，三角貿易から見込める利潤率は平均すれば30％以上ともいわれ，これは土地や金融への投資が5％以下だったのに比べ，はるかに高い数字です。

奴隷貿易や奴隷制度は人権という面から到底容認できるものではないはずです。実際，モンテスキューの『法の精神』には奴隷貿易を批判する章があります。また，ルソーは法的な観点から，奴隷契約は「自由」という何ものにも代えがたい，つまり，それに見合う対価など存在しないはずの基本的な権利を譲渡する行為であり，そのため契約として成立せず，すべての奴隷契約は不当であるとしています。また，コンドルセたちは「黒人友の会」を作り，奴隷解放を主張しました。ですが，「啓蒙の世紀」である18世紀は，奴隷貿易と奴隷制の廃止を実現することはできませんでした。奴隷貿易がもたらす経済的利益を守ろうとする声が大きかったのです。最も早く奴隷貿易を廃止したのはイギリスで，1807年でした。奴隷制そのものは1833年に廃止されます。フランスでは革命政府が「人権宣言」を植民地の黒人奴隷には適用しないという，ダブルスタンダードとしかいいようのない態度を取りましたが，1791年，ハイチで奴隷たちによる反乱が起こり，フランスからの独立と奴隷制の廃止を実現しました。その後，ナポレオンによる奴隷制復活などの紆余曲折を経て，1848年にようやく奴隷制は廃止されます。アメリカでは，1865年に終結した南北戦争によって奴隷制に終止符が打たれたことはよく知られています。また，イギリスにおいて奴隷制廃止運動を進める上で大きな役割を果たしたのは，神の前ではすべての人間は平等だとするキリスト教徒でした。啓蒙は単独で奴隷制に立ち向かったわけではないのです。

人権は建前だったのか？

　このように人権意識には限界も矛盾もありました。建前に過ぎなかったという批判も可能でしょう。しかし，無意味であったとまで酷評する必要はないで

しょう。たとえ建前でも，それは進むべき方向を指し示し，現状において何が問題なのかを考える際の指標になります。人権の保証は今も不十分です。しかし，不十分だという判断，改善しなければならないという意識は，まずは建前であっても，人権尊重という旗を掲げることから生まれるのだと思います。

（3）文明と進歩―啓蒙の歴史観

●

文明と未開

18世紀には「文明」という言葉は重要なキーワードでした。「洗練する」「礼儀正しくさせる」「文明化する」といった意味の動詞から始まり，その過去分詞が形容詞として使われ，最後に名詞ができました。名詞の「文明」civilisation（civilization）は18世紀にフランスで生まれた造語です。

文明は未開・野蛮の対立概念です。18世紀のヨーロッパの人々は自分たちの社会を「文明社会」と呼ぶことがよくありましたが，それは未開で野蛮な状態から脱した社会という意味です。そこには近代ヨーロッパの優越性という意識があります。

優越性という場合，比較の対象があるはずです。ひとつは自分たちの過去です。17世紀末から18世紀にかけて，フランスでは「新旧論争」と呼ばれる論争があり，自分たちは科学知識はもとより，芸術においても古代人を凌駕したとする「近代派」と，ホメロスらに代表される古代ギリシャ，ローマの文芸・芸術は永遠の模範だとする古代派が議論を戦わせました。つまり，過去と比べて近代のほうが優れているかどうかがテーマだったのです。また，例外はありま

すが，18世紀の人々の中世に対する評価は概ね低いものでした。封建領主たち
が我が物顔に農奴を抑圧していた野蛮な中世から脱し，異端審問や魔女狩りと
いった愚行を乗り越え，迷信と狂信を振り払い，自分たちは文明人になったと
思っていたのです。

　ただし，その文明人の中に民衆は含まれていません。知識人や上層の人々の
多くは，民衆とは無知と偏見に凝り固まった厄介な連中で，彼らを文明化する
のは至難の業だと思っていました。中には，民衆には教育も不要とする論者も
いました。いわば，民衆は内なる未開人でした。

　もうひとつ，自分たちの社会を文明社会と見る上で，比較対象となったのが
非ヨーロッパ地域です。もちろん，中国のように古くからの文明を誇る国は別
ですが，オーストラリア大陸や南太平洋の島々，アメリカ大陸の先住民の社会
は未開社会だと思われていました。

進歩史観？

　このようにいうと，18世紀のヨーロッパ人は自分たちの社会を「進歩した社
会」だと考えていたように聞こえるでしょう。ある意味ではそうです。過去よ
りも，また多くの非ヨーロッパ人世界よりも自分たちの社会はより文明化され，
より幸福であると信じていました。しかし，啓蒙全体の歴史観を進歩史観と呼
ぶことはできません。というのも，多くの思想家たちにとって進歩は必然的な
ものではなかったからです。現在は中世よりも文明化された社会だと思われて
いましたが，未来はさらに文明化が進み，人々はいっそう幸福になるという保
証はどこにもありませんでした。そもそも18世紀の人々の中世に対する低い評
価は，中世は古代よりも劣るという判断と結びついています。つまり，歴史は直

線的に前に進むものではないのです。中世は，古代文明が破壊され，野蛮な時代に逆戻りした時代とされたのです。

　中世に対するこうした評価は今では説得力をもちませんが，重要なのは，社会は進歩もするが，後退もするという考え方です。それぞれの社会は誕生し，発展し，最盛期を過ぎると退廃し，滅亡する。循環史観と呼ばれるこうした考え方のほうが主流でした。進歩史観は，18世紀にその芽がようやく現れたとはいえるかもしれませんが，基本的には19世紀の歴史観です。20世紀の二度にわたる世界大戦や全体主義が生み出した悲劇，核兵器や環境破壊といったものを経験した私たちは，進歩といわれても簡単には信じる気になれませんが，実は進歩史観というのは比較的新しい考え方に過ぎず，考えようによっては長続きしたわけでもないのです。

　啓蒙とはより良い社会の可能性を信じ，その実現を目指した運動だといいました。しかし，良くなる可能性を信じることと，必ず良くなることは別です。自分たちが生きる社会の問題点を洗い出し，改善に向けて努力しない限り，社会が良くなるはずはありませんし，下手をすると現状より悪くなる可能性は大いにあります。18世紀の人々にとってもそれは当然のことでした。

文明社会の裏面

　第1章で，啓蒙とは普遍主義という名のヨーロッパ中心主義だとする批判を紹介しましたが，文明という概念は，ヨーロッパ中心主義とも深くかかわっています。自分たちの社会は最も文明が進み，普遍的な価値を体現しており，科学技術にも優れ，世界を導く権利と能力があるという考えです。啓蒙の特徴のひとつが普遍主義だと決めつけるのは疑問だといいました。事実，啓蒙思想家た

ちはヨーロッパ文明の優越性という満足感にのんびり浸っていたわけではありません。文明社会を鋭く批判したルソーが富の不平等や道徳的退廃を批判しただけではありません。タヒチの「未開社会」のほうがヨーロッパよりも幸福ではないかと問いかけたディドロは，『両インド史』[7]という書物で，もっとはっきりとヨーロッパ人が植民地で行った蛮行を告発しています。

　ヨーロッパ文明を最も高く評価したひとりで，商業社会がもたらす経済的な豊かさを讃えたヴォルテールも，植民地支配に伴う非人道的な暴力に鈍感なわけではありませんでした。18世紀におけるベストセラー小説『カンディード』には，左足と右手のない黒人奴隷が登場します。砂糖を精製する工場での事故で右手を失い，逃亡しようとして左足を切り落とされた彼は，自分たちがこうした目に遭うおかげでヨーロッパ人は砂糖が食べられるのだといいます。それを聞いた主人公カンディードはショックを受け，涙を流すのです[8]。

　商業社会における経済的な豊かさの追求に伴う弊害が議論されていたことも，すでに述べた通りです。文明社会は疑問の余地なく優れた社会というわけではなく，進歩も約束されたものではありませんでした。それでも多くの啓蒙思想家たちが全体としては文明社会を肯定的に評価していました。それはどういうことなのでしょうか。

※7　ヨーロッパ人によるアジアおよびアメリカ大陸の植民地化の歴史を描いた作品。初版は1770年に出版されたが，1780年の第3版では批判のトーンはいっそう強まる。著者はレナル（Guillaume Thomas François Raynal, 1713〜1796）となっているが，幾人もの執筆者が協力しており，とくに重要な箇所はディドロが書いたとされる。

※8　フランスの哲学者エルヴェシウス（Claude-Adrien Helvétius, 1715〜1771）も，ヨーロッパ人が口にする砂糖は血で赤く染まっているとしている。

少しでも「マシな」世界へ

　重要なのは比較という視点だと思います。商業社会には色々な問題点があり，手放しで称賛はできません。人権意識も不十分で，自慢できる成果はまだそれほど多くはありません。ヨーロッパ文明も，多くの問題を抱えています。しかし，啓蒙思想家たちは昔のほうが良かったとは思わないのです。過去には今よりも優れた理想郷があったわけではないのです。現在の社会を捨てて，古代の奴隷制社会に戻るほうが幸福でしょうか。あるいは封建社会のほうが健全だったというのでしょうか。個人の自由と安全と豊かさといった面で，18世紀はそれまでの時代より「マシな」社会だと彼らは判断していました。

　啓蒙とは，急進的な改革によって悪弊を一掃し，一挙に理想社会を実現しようとする運動ではありません。改革は少しずつしか進まないし，大きな混乱を防ぎながら改革を行うには，徐々に進めるのが望ましいとされたのです。法と一般精神との適合関係を重視し，一般精神を無視して法や制度を押しつけることを戒めたモンテスキューにしても，現状を追認することを求めたわけではありません。長期的には一般精神を少しずつ変化させることは可能だと考えています。啓蒙思想家たちは現状に満足はしていませんでした。それでも，過去に比べて社会は良くなっていると判断していましたし，努力次第でさらに良くすることができるとも思っていました。もちろん，国や地域によって置かれた状況は異なりますから，改善すべき問題も，改善方法も違ってくるのは当然です。思想家によって現状に対して下す診断も同じではなく，処方箋もひとつではないでしょう。しかし，こうした多様性があったにしても，今よりも「マシな」世界の実現を目指して，現状を批判的に分析しようとする幅広い運動は確実に存在していたのです。

おわりに―知の力を信じる

本書を読み終えた皆さんは，啓蒙から何か学ぶことはあると感じたでしょうか。私たちが直面している課題への答えを期待していた人は物足りないと思うかもしれません。宗教的寛容や出版の自由，人権意識などは現代社会にもそのまま通用するテーマですが，環境破壊，民族紛争，民主主義の形骸化といった現代の問題に，啓蒙は直接，答えてくれるわけではありません。そもそも，啓蒙思想家のほとんどは民主主義者ではありませんでしたし，今日のような深刻な環境破壊など知るはずもありません。核の恐怖とも無縁です。

　啓蒙が示しているのは，知識の拡大を社会の改善に向けて活用しようという強い意志です。科学の発展や地理的拡大がもたらした多くの知識を利用して，自分たちの社会が歴史的にどのような位置にあるのか，他の社会と比べてどんな特徴のある社会なのか，どういった長所と欠点をもつのか，これから何が可能なのかを把握した上で，より良い社会の実現を目指そうとする意欲です。

　知識の拡大とそれがもたらす技術的発展はしばしば悪用されます。植民地支配，奴隷制はそうした例です。啓蒙思想家たちもそのことは理解していました。彼らの自己診断は概ね肯定的だとはいえ，無邪気に自分たちの社会を自画自賛したわけではありません。内部に問題を抱えていることも自覚していました。

　現在は過去よりも良くなっているのでしょうか，それとも悪くなっているのでしょうか。どの面に注目するかによって答えは変わります。医療の進歩に注目するのと，富の集中に目を向けるのとでは答えは違ってくるでしょうし，短い時間幅で判断するのと，長期的に考えるのとではやはり違うでしょう。特定の地域を対象とするのか，世界全体を見渡すのかによっても，まるで違うはずです。自分にとって都合のいいデータは探せばいくらでも見つかります。悲観的な展望も，楽観的な未来予想も，どちらも可能です。

必要以上に悲観的となって「より良い社会」の実現など絵空事だと思い込み，希望をなくすことからは何も生まれません。逆に，不確かな根拠で世界は良くなっていると信じて，現状への批判的な眼差しを忘れてしまっては，社会は良い方向には向かいません。批判的に問題点を見つめることと，希望を捨てないことは両立するはずです。そして，それらを両立させるためには広く情報を集め，知識を拡大し，それを整理し，活用することが必要でしょう。知識を社会の改善に結びつけようという姿勢を示し，それを実践しようとする意識を強くもった集団が存在し，影響力を発揮したのが啓蒙という時代だったのです。その姿勢は，今も学ぶに値するものではないでしょうか。

参考文献

I　啓蒙思想家の著作

ヴォルテール（植田祐次訳）『カンディード　他五篇』岩波文庫，2005年

――――――（斉藤悦則訳）『哲学書簡』光文社古典新訳文庫，2017年

カント，イマヌエル（中山元訳）『永遠平和のために／啓蒙とは何か　他3編』光文社古典新
　訳文庫，2006年

スミス，アダム（高哲男訳）『道徳感情論』講談社学術文庫，2013年

――――――――（水田洋監訳・杉山忠平訳）『国富論』（一～四）岩波文庫，2000～2001年

ディドロ，ドニ（中川久定訳）『ブーガンヴィル航海記補遺』シリーズ世界周航記2（『ブー
　ガンヴィル(山本淳一訳)世界周航記／ディドロ(中川久定訳)ブーガンヴィル航海記補遺』），
　岩波書店，2007年

ディドロ／ダランベール（桑原武夫訳編）『百科全書―序論および代表項目―』岩波文庫，
　1995年

ヒューム，デイヴィッド（木曾好能他訳）『人間本性論』（1～3）法政大学出版局，2019年

――――――――――――（田中秀夫訳）『政治論集』近代社会思想コレクション4，京都大学学
　術出版会，2010年

ベッカリーア，チェーザレ（小谷眞男訳）『犯罪と刑罰』東京大学出版会，2011年

モンテスキュー（野田良之他訳）『法の精神』（上・中・下）岩波文庫，1989年

――――――――（田口卓臣訳）『ペルシア人の手紙』講談社学術文庫，2020年

ルソー，ジャン＝ジャック（坂倉裕治訳）『人間不平等起源論』講談社学術文庫，2016年

――――――――――――――（作田啓一訳）『社会契約論』白水Uブックス，2010年

ロック，ジョン（加藤節・李静和訳）『寛容についての手紙』岩波文庫，2018年

II　啓蒙思想家についての研究・評伝

植田祐次編『ヴォルテールを学ぶ人のために』世界思想社，2012年

保苅瑞穂『ヴォルテールの世紀―精神の自由への軌跡―』岩波書店，2009年

小牧治『カント』人と思想15，清水書院，2015年

冨田恭彦『カント入門講義―超越論的観念論のロジック―』ちくま学芸文庫，2017年

永見瑞木『コンドルセと〈光〉の世紀―科学から政治へ―』白水社，2018年

堂目卓生『アダム・スミス―道徳感情論と国富論の世界―』中央公論新書，2008年

野原慎司『アダム・スミスの近代性の根源―市場はなぜ見いだされたのか―』京都大学学術
　　出版会，2013年

浜林正夫・鈴木亮『アダム=スミス』人と思想84，清水書院，2014年

田口卓臣『怪物的思考―近代思想の転覆者ディドロ―』講談社選書メチエ，2016年

泉谷周三郎『ヒューム』人と思想80，清水書院，2014年

坂本達哉『ヒューム　希望の懐疑主義―ある社会科学の誕生―』慶應義塾大学出版会，2011
　　年

川出良枝『貴族の徳，商業の精神―モンテスキューと専制批判の系譜―』東京大学出版会，
　　1996年

桑瀬章二郎編『ルソーを学ぶ人のために』世界思想社，2010年

中里良二『ルソー』人と思想14，清水書院，2015年

田中浩・浜林正夫・平井俊彦・鎌井敏和『ロック』人と思想13，清水書院，2015年

冨田恭彦『ロック入門講義―イギリス経験論の原点―』ちくま学芸文庫，2017年

Ⅲ　啓蒙全般についての研究

安藤裕介『商業・専制・世論―フランス啓蒙の「政治経済学」と統治原理の転換―』創文社，
　　2014年

井田尚『百科全書―世界を書き換えた百科事典―』慶應義塾大学出版会，2019年

イスラエル，ジョナサン（森村敏己訳）『精神の革命―急進的啓蒙と近代民主主義の知的起源―』
　　みすず書房，2017年

イム・ホーフ，ウルリヒ（成瀬治訳）『啓蒙のヨーロッパ』平凡社，1998年

ヴェントゥーリ，フランコ（加藤喜代志・水田洋訳）『啓蒙のユートピアと改革―1969年ト
　　レヴェリアン講義―』みすず書房，1981年

ウートラム，ドリンダ（田中秀夫監訳）『啓蒙』法政大学出版局，2017年

隠岐さや香『科学アカデミーと「有用な科学」―フォントネルの夢からコンドルセのユート
　　ピアへ―』名古屋大学出版会，2011年

カッシーラー，エルンスト（中野好之訳）『啓蒙主義の哲学』（上・下）ちくま文芸文庫，
　　2003年

ゲイ，ピーター（中川久定他訳）『自由の科学―ヨーロッパ啓蒙思想の社会史―』（Ⅰ，Ⅱ）ミネ
　　ルヴァ書房，2014年

坂本達哉・長尾伸一編『徳・商業・文明社会』京都大学学術出版会，2015年

ジェイコブ，マーガレット（中島秀人訳）『ニュートン主義者とイギリス革命』学術書房，
　　1990年

シャルチエ，ロジェ（水林章他訳）『書物から読書へ』みすず書房，1992年

　　──────（長谷川輝夫・宮下志朗訳）『読書と読者──アンシャン・レジーム期フラ
　　ンスにおける──』みすず書房，1994年

ダーントン，ロバート（関根素子・二宮宏之訳）『革命前夜の地下出版』岩波書店，2015年

　　──────────（近藤朱蔵訳）『禁じられたベストセラー──革命前のフランス人は何を
　　読んでいたか──』新曜社，2005年

寺田元一『編集知の世紀──一八世紀フランスにおける「市民的公共圏」と『百科全書』──』，
　　日本評論社，2003年

富永茂樹編『啓蒙の運命』名古屋大学出版会，2011年

トドロフ，ツヴェタン（石川光一訳）『啓蒙の精神──明日への遺産──』法政大学出版局，2008
　　年

バーク，エドマンド（中野好之訳）『フランス革命についての省察』（上・下）岩波文庫，
　　2000年

ハーシュマン，アルバート・O（佐々木毅・旦祐介訳）『情念の政治経済学』法政大学出版局，
　　1985年

ハーバーマス，ユルゲン（細谷貞雄・山田正行訳）『公共性の構造転換──市民社会の一カテゴリー
　　についての探究──』未来社，1994年

ハント，リン（松浦義弘訳）『人権を創造する』岩波書店，2011年

ピノー，マドレーヌ（小嶋竜寿訳）『百科全書』文庫クセジュ，白水社，2017年

ブラン，オリヴィエ（辻村みよ子訳）『女の人権宣言──フランス革命とオランプ・ド・グージュ
　　の生涯──』岩波書店，1995年

ベイカー，キース・マイケル（井上櫻子訳）「世論の誕生──アンシャン・レジーム期の政治と
　　世論」，E・ル゠ロワ゠ラデュリ／A・ビュルギエール監修（浜名優美監訳）『叢書「アナール
　　1929-2010」──歴史の対象と方法──』第5巻，藤原書店，2017年

ベリー，クリストファー（田中秀夫監訳）『スコットランド啓蒙における商業社会の理念』ミ
　　ネルヴァ書房，2017年

ポーコック，J・G・A（福田有広訳）「「保守的啓蒙」の視点──英国の啓蒙と米・仏の革命──」『思

　想』（782号），1989年8月

ポーター，ロイ（見市雅俊訳）『啓蒙主義』岩波書店，2004年

ホルクハイマー／アドルノ（徳永恂訳）『啓蒙の弁証法―哲学的断想―』岩波文庫，2007年

ホント，イシュトファン（田中秀夫監訳）『貿易の嫉妬―国際競争と国民国家の歴史的展望―』
　昭和堂，2009年

──────────（田中秀夫・村井明彦訳）『商業社会の政治学―ルソーとスミス―』
　昭和堂，2019年

ボンペール，ピエール=イヴ（深沢克己編）『「啓蒙の世紀」のフリーメイソン』山川出版社，
　2009年

山崎耕一『啓蒙運動とフランス革命―革命家バレールの誕生―』刀水書房，2007年

ロバートソン，ジョン（野原慎司・林直樹訳）『啓蒙とはなにか―忘却された〈光〉の哲学―』
　白水社，2019年

Edelstein, Dan, *The Enlightenment: A Genealogy*, The University Chicago Press, 2010.

Jacob, Margaret C., *The Secular Enlightenment*, Princeton University Press, 2019.

Porter, Roy, *The Creation of the Modern World: The Untold Story of the British Enlightenment*, W. W. Norton, 2000.

Rasmussen, Dennis C., *The Pragmatic Enlightenment: Recovering the Liberalism of Hume, Smith, Montesquieu, and Voltaire*, Cambridge University Press, 2014.

Robertson, John, *The Case for the Enlightenment: Scotland and Naples 1680-1760*, Cambridge University Press, 2005.

図版出典

図1　亀井高孝他編『標準世界史地図』吉川弘文館，1996年，p.39より編集部作成

図2　Alamy（シラー国立博物館蔵）

図3　Burke, Edmund, *The Works of the Right Hon. Edmund Burke, with a biographical and critical introduction, by Henry Rogers, and portrait after Sir Joshua Reynolds*, London, Samuel Holdsworth, 1837.　大英図書館蔵

図4　ニューヨーク公共図書館蔵

図5　Locke, John, *The Works of John Locke, etc.* London, J. Churchill & S. Manship, 1714.　大英図書館蔵

図6　ニューヨーク公共図書館蔵

図7　Smith, Adam, *The Works of Adam Smith. With an account of his life and writings by Dugald Stewart*, London, 1812.　大英図書館蔵

図8　ニューヨーク公共図書館蔵

図9　ニューヨーク公共図書館蔵

図10　Alamy（ルーヴル美術館蔵）

図11　© Photo SCALA, Florence（コンデ美術館蔵）

図12　O'Connor, Thomas Power, Right Honourable, Read, Charles Anderton, *The Cabinet of Irish Literature*, London, 1879.　大英図書館蔵

図13　ニューヨーク公共図書館蔵

図14　Alamy（Voltaire, *Éléments de la philosophie de Newton*, Amsterdam, chez Jacques Debordes, 1738.　個人蔵）

図15　ニューヨーク公共図書館蔵

図16　Alamy（メトロポリタン美術館蔵）

図17　Alamy（フランス国立図書館蔵）

図18　ニューヨーク公共図書館蔵

図19　Swift, Jonathan, *The Works of Jonathan Swift, D.D, D.S.P.D, in eight volumes*, Dublin, G. Faulkner, 1746.　大英図書館蔵

図20　Alamy（マルメゾン城美術館蔵）

図21　Alamy（Freemason's Hall, from *The Microcosm of London or London in Miniture*, Volume II, 1904.　個人蔵）

著 者

●

森 村 敏 己
もりむら　としみ

1960年生。一橋大学大学院社会学研究科単位取得退学。現在，一橋大学大学院社会学
研究科教授。専攻は18世紀フランス思想史。
主要著書
『名誉と快楽―エルヴェシウスの功利主義―』（法政大学出版局，1993年）
『集いのかたち―歴史における人間関係―』（山根徹也との共著。柏書房，2004年）
『アンシャン・レジームにおける貴族と商業―商人貴族論争（1756－1759）をめぐっ
て―』（一橋大学社会科学古典資料センターStudy Series, no. 52, 2004年）

歴史総合パートナーズ⑬

なぜ「啓蒙」を問い続けるのか

定価はカバーに表示

2020年10月2日　初　版　第1刷発行

著　者　　森村　敏己
発行者　　野村　久一郎
印刷所　　法規書籍印刷株式会社
発行所　　株式会社　清水書院
　　　　　〒102-0072
　　　　　東京都千代田区飯田橋3-11-6
　　　　　電話　03-5213-7151㈹
　　　　　FAX　03-5213-7160
　　　　　http://www.shimizushoin.co.jp

カバー・本文基本デザイン／タクティクス株式会社／株式会社ベルズ
乱丁・落丁本はお取り替えします。　　　ISBN978-4-389-50131-0

歴史総合パートナーズ 好評既刊

「歴史する？」私たちを取り巻くさまざまな物事を，日本史・世界史の枠組みにとらわれない視点から広く，深く考えていきます。新たな学びのパートナー，学び直しのパートナーとしておすすめします。

■判型　A5
■本体価格　各1,000円＋税（電子版　各800円＋税）

⑤先住民アイヌはどんな歴史を歩んできたか／坂田　美奈子
104ページ／ISBN978-4-389-50088-7

はじめに：あなたの身近にアイヌはいますか？
1. 北海道はいつから日本領になったのだろうか
2. 近代の日本はアイヌにどんな政策をとったのだろうか
3. アイヌ自身による近代化
おわりに

⑥あなたとともに知る台湾
―近現代の歴史と社会―／胎中　千鶴
104ページ／ISBN978-4-389-50092-4

はじめに―なぜ台湾は「友だち」なのか―
1. 台湾のプロフィール―「友だち」はどんな「人」なのか―
2. 日本統治期の台湾―「ふたり」はなぜ出会ったのか―
3. 戦後の台湾社会―「友だち」はどんな道を歩んできたのか―
4. 現代の台湾社会―「友だち」はどんな明日を迎えるのか―
おわりに―「ふたり」がこれから歩く道とは―

⑦3・11後の水俣/MINAMATA
／小川　輝光
120ページ／ISBN978-4-389-50093-1

プロローグ―地球環境問題の時代に，どうして公害を学ぶの？―
1. 水俣の風景から，何を読み取れるのだろう？―近現代日本の濃縮地点―
2. 「公害地図」を押し広げる，世界の環境問題と出会う
3. 水俣病を歴史学的に考えると，何が見えてくるのだろう？
エピローグ―そして，3・11後の世界の中で―

⑧帝国主義を歴史する／大澤　広晃
100ページ／ISBN978-4-389-50101-3

はじめに：帝国主義は過去のこと？
1. 帝国主義の時代
2. 戦間期から第二次世界大戦期にかけての帝国支配体制
3. 帝国主義の遺産：脱植民地化と冷戦
むすびに代えて：植民地責任と「帝国主義を歴史する」ことの意味

⑨Doing History：歴史で私たちは何ができるか？／渡部　竜也
112ページ／ISBN978-4-389-50110-5

はじめに
1. 歴史をいかに教えるべきか？
2. なぜ私たちは歴史的思考を学ばなければならないのか？―構成主義の可能性と課題
3. 歴史で私たちは何ができるか？―実用主義の可能性と課題
おわりに―Doing Historyとは何か

（関連書籍）**歴史教育「再」入門**

前川修一，梨子田喬，皆川雅樹　編著

歴史総合・日本史探究・世界史探究への"挑戦"

歴史を「教える」とは何か。高校で2022年度よりはじまる新科目「歴史総合」「日本史探究」「世界史探究」と，これからの歴史教育のあり方を考えるための一冊。歴史の教員だけでなく，歴史研究者や他科目の教員など様々な著者による多彩な論集となっており，歴史教育の意義を多様な視点から掘り下げる。これまでの「歴史教育」を再構築するための提言。

★史学会発行の『史学雑誌』129編5号「2019年の歴史学界―回顧と展望―」において，歴史理論の項目でこの本が紹介されました！

A5判・352ページ
本体価格　2,300円
ISBN　978-4-389-50111-2